播音主持
100问

司长强 朱俊河·著

复旦大学出版社

内容提要

本书从学习者的困惑、疑问出发,以"问题"的形式呈现,以"回答"的方式予以关照和反馈。编写的过程中在吸取传统教材主要观点的基础之上又结合了相关的教学经验和实践经验,整体结构包含了语音篇、发声篇、表达篇、表现篇四部分,涵盖了大部分播音主持学习者的常见问题。

语音篇主要探讨了声母、韵母、调值、变调、轻声、儿化等内容,并对常见的语音缺陷、语音问题进行了细致的分析。发声篇侧重探讨口腔控制中"提、打、挺、松"的各自特征、相互关系以及训练方法,同时也对"呼吸""共鸣""吐字"等问题进行了讲解。表达篇集中讨论言语输出过程中表达技巧层面对"内三外四"(停连、重音、语气、节奏、内在语、对象感、情景再现)概念的基本理解、深入挖掘和实践应用,力求从整体上夯实有声语言表达的基本创作能力。表现篇以播音主持实践为基础,就主持中的"情绪""状态""感受力""表现力""副语言"等内容做了深入的阐释。

对于书中所提出的 100 个问题,本书没有止步于"是什么"的层面,而是追问了多个"为什么",同时根据不同的问题都给予了适当、灵活的建议或练习方法,让问题有了一个较为有效、多样的出口,努力形成一个答疑解惑的双向互动。本书可供播音主持专业本、专科学生及教学科研人员使用,也可作为相关从业人员的参考资料。

写在前面的话

The words written in front

2014年执教上海体育学院播音与主持艺术专业以来,转眼已9年。从25岁到34岁,这9年的时间我教过了上海体育学院2012级—2022级播音专业的11届学生,有幸能和那么多可爱的学生共同度过最美的大学时光,实属人生幸事。

在9年的教学生涯当中,我一直关注学科前沿,也在不断反思、重建我的教学方式,力求在这个日新月异的信息时代能够把业界的前沿信息、行业的最新动态带入我的课堂。同时我也始终坚信播音主持的专业基础一定是重中之重,它必须保持自己的独立性、体系性和实用性,甚至还要保持一定的"清高",不要在喧哗叫嚣的"人人皆可做主播"的时代里被孤立或是被抛弃。专业基础乃是专业之根、专业之魂、专业之底气,做好必要的对专业传统的坚守和与时俱进的开拓创新是我们对播音与主持艺术专业的尊重与传承。

在9年的教学之中,每学期的第一节课我都会强调几个重要问题:同学们一定要学会读书、学会思考、学会提问、学会学以致用。之所以要学会读书是因为,时代对播音员、主持人的要求早就不是单纯的技术层面的"能把稿念好了",而是"学识眼界+实践技能"的双重能力需求。要学会思考是因为,艺术学科之所以被称为"艺术",就是它不同于其他学科,想要学好还必须要多那么几分倔强和执拗,在思考之中去慢慢认识、触摸、理解、感悟这个专业。学会提问是要利用好身边的资源,有时候困扰你很久百思不得其解的问题,可能明白人三两句话就给你讲清楚了,有些事情也就不必走弯路了。要学以致用是因为,艺术学科只背诵了原理、方法、技巧是远远不够的,纸上得来终觉浅,绝知此事要躬行,懂了和会用、会用和能用好之间还有一道很难逾越、需要时间去认识和打磨的鸿沟。

我的学生们确实悟性很高,慢慢地开始学会读书,勤于思考,也变得喜欢向我提问了，我也很乐于给他们解决问题，毕竟"传道、授业、解惑"，能给别人解惑对于教师来讲确实是一件开心的事。在近十年的时间里，我早就数不清有多少同学向我提问，更记不得回答过多少次问题了，但是我却能清晰地记得这十几届的学生问了很多相似、相近甚至是相同的问题，我每一年都在回答，每一届都在回答，甚至每一门课都在回答。大家问的跟专业学习相关的问题虽然五花八门，有的还别有新意，但是很多问题的内核和本质却是极为相似的。我也试图反思过，是我们课堂没讲清楚吗？是教材说的不够详细吗？还是这些问题本身就是很难理解？于是我开始在课堂中、教材中、实践中去寻求问题的答案。有一些问题教材上确实讲了，但是可能放在了某一章节的一小段，讲得也相对比较笼统，只回答了"是什么"而没有回答"为什么"和"怎么做"，确有困惑的同学看完之后确实很难达到"解惑"的程度。另一方面，一些跟实践、舞台、经验、教训、心得相关的内容在教材之中也很少涉及，所以学生们在逐渐学习深入的过程中也就难免产生种种疑惑。

于是我就思考，能否把这些年来学生问我的关于专业学习上的问题重新盘整和梳理一下，就以学生的视角用"一问一答"的方法予以解答呢？这样是不是更直观，可以直接或者间接地帮助更多的学生呢？思来想去，我觉得这事合情合理也靠谱，于是就有了这本区别于以往播音教材的《播音主持100问》的问世。

这本书的编写历时一年多，总体说来有几大特点。

第一，心意诚。不可否认，我们是带着满腔的热情和诚意编写这本书的，因为只有100问，可能所涉及的问题还不够全面，可能有些问题阐释得仍然不够详细，但是确实是这些年来我在教学一线的心得和经验。本书不求能给100个问题都做出最满意的答案，只求能够在播音专业学生和语言爱好者的专业成长路上对他们有所启发，哪怕只有其中少许能够照亮他们未来专业的路，对我来说，又何尝不是一种幸福呢？

第二，视角新。本书不是按照传统播音教材的体例和范式进行编写的，因为在市面上这一类风格的书目已经做得比较成熟了。所以，我就转换了视角，从学习者的困惑、疑问出发，以"问题"的形式呈现，以回答的方式予以关照和反馈，整体看下来对于问题的阐释更直观也更实用。同时，本书在吸取传统教材主要观点的基础之上又结合了相关的教学经验和实践经验,一方面对传统教材的相关理论和阐释有补充、有延伸、有深化、有扩展,还有一小部分内容也提出了一些新的观点,与广大师友相互商榷。总而言之,就是希望不断探索和寻找新环境下播音主持更深层次的创作和发展规律。

第三,层面多。既然书名叫《播音主持100问》就意味着不能只谈播音主持中的一个层面,要广泛地涵盖播音主持理论、播音主持创作、播音主持实践,形成一个相对完整的、系统的、连贯的整体。因而本书从语音、发声、表达、表现(综合)四个大板块入手,涵盖了大部分播音主持学习者的常见问题。

第四,讲解清。本书摒弃了过多的官方话语、学术话语、套路话语,力求不用较难理解的学术性语言面对广大读者,不过度地在学理层面兜圈子、绕弯子,而是大多采用朴实的、接地气的方式把问题理透彻、把道理说清楚、把方法讲明白,以一种质朴和纯粹的方式直面大众,让读者不仅能够看得懂、学得懂,也能从可操作的层面入手并逐渐深入。对于书中所提出的100个问题,本书没有简单地对问题笼统而论,没有止步于"是什么",而是追问了多个"为什么",重在分析产生此类问题的内外原因,只有了解了问题的根源才能找到有效的解决路径。因而,本书对于不同问题产生的原因分析得较为透彻,从源头上、运用中搞懂因果及辩证关系。

第五,方法活。提出问题只是第一步,重要的是如何对症下药解决问题,解决问题才是重中之重,才是要点。因而,本书根据不同的问题都给予了适当、灵活的建议或练习方法,让问题有了一个较为有效的、多样的出口,努力形成一个答疑解惑的双向互动。

我们深知100问远远不足以解决一个学科、一个专业的关键性问题,因而,我们也会持续性地关注媒体的最新态势、学科的发展需求、学生的专业成长,对那些重要的问题予以关注。本书的100问就算是起到一个抛砖引玉的作用,给接下来更加深入的研究做一个引子和铺垫。

2023年3月

目录

Contents

一 语音篇

1. 何谓"调类""调值"? 003
2. 何谓"调形"? 004
3. 何谓"调域"? 006
4. "阴平"如何才能发得标准? 008
5. "阳平"如何才能发得准确? 011
6. "上声"如何才能发得标准? 013
7. "去声"如何才能发得准确? 015
8. 相同声调相连的变调关系是什么? 017
9. "上声+非上声"的变调特征是什么? 020
10. "一""七""八""不"的变调规律是什么? 021
11. 字、词、句、段的声调存在什么关系? 022
12. "轻声"的发音原则及特征是什么? 024
13. "儿化"音怎样说得圆润自然? 025
14. 声母的构成原则及发音三大特性是什么? 026
15. 韵母的类型及发音特征有哪些? 028
16. 韵母"四口呼"的特征与注意问题有哪些? 029
17. n、l, f、h两组易混声母应该如何区分? 031
18. 如何克服发 z、c、s 时的尖音问题? 032

19. 如何区分平翘舌音 zh、ch、sh、z、c、s？ 033
20. 前后鼻音-n、-ng 应该如何区分？ 035
21. 如何避免"哨音"的产生？ 036
22. "开嗓"常用的六种方法是什么？ 037
23. 口部操（唇部）训练的目标、方法及注意问题有哪些？ 039
24. 口部操（舌部）训练的目标、方法及注意问题有哪些？ 041
25. 播音主持语音的常规练习与实际应用之间是什么关系？ 043

二 发 声 篇

26. "提颧肌"常见的误区有哪些？ 047
27. "打牙关"的三个准则是什么？ 048
28. "挺软腭"要注意的五个问题是什么？ 049
29. "松下巴"的作用和常见错误是什么？ 051
30. 口腔控制中"提、打、挺、松"运用的四种意识是什么？ 053
31. 口腔控制中"提、打、挺、松"四者之间是什么关系？ 054
32. 播音主持表达中口腔的"着力点"在哪里？ 056
33. 什么是"枣核形"的吐字归音？ 058
34. 播音主持对呼吸的整体性要求是什么？ 059
35. "胸腹联合式呼吸法"的必要性和动作要领是什么？ 061
36. 播音主持中常用的四种"换气"方式是什么？ 063
37. 播音主持中有哪些常见的"气息"问题？ 064
38. 播音主持发声的特点是什么？ 066
39. 吐字发声的整体原则和要求是什么？ 067
40. 说话的时候双唇应该是什么关系？ 069
41. 说话的时候双唇要如何用力？ 070
42. 播音主持中对"吐字"的要求和常见问题有哪些？ 071
43. 对"字正腔圆"的理解有哪些常见的认识误区？ 073
44. 播音主持中"共鸣调节"的方法与要领有哪些？ 075

45. "共鸣"的常见问题及解决方法有哪些? ……………………… 077
46. 为什么很用力了,但听上去仍会觉得唇舌无力? ……………… 078
47. 双唇不灵活,说话不受控制应该如何解决? …………………… 079
48. 吐字发声中舌头应该如何用力? ………………………………… 081
49. 用"压喉"的方式说话会产生哪些问题? ………………………… 082
50. 说话的过程中如何用上"腰腹之力"? …………………………… 084

三 表达篇

51. 如何理解播音主持创作的正确道路? …………………………… 089
52. 播音主持创作的语言特点是什么? ……………………………… 090
53. 对即兴口语表达概念理解的三个层面是什么? ………………… 092
54. 即兴口语表达中的"三个意识"是什么? ………………………… 093
55. 何谓播音主持技巧的"内三外四"? ……………………………… 094
56. "停顿"有哪些类型和方法? ……………………………………… 095
57. "连接"的意义与目的是什么? …………………………………… 097
58. 重音之"重"的内涵应该如何辨析? ……………………………… 098
59. "重音"在实践运用中有哪些常见错误? ………………………… 100
60. "重音"与"轻重格式"有哪些不同之处? ………………………… 101
61. "轻重格式"的运用要注意哪些问题? …………………………… 102
62. 理解"语气"的概念及其运用要注意哪些问题? ………………… 103
63. "语势"的类型和表现形式都有哪些? …………………………… 105
64. 理解"节奏"的四个关键环节是什么? …………………………… 106
65. 如何建立准确有效的"对象感"? ………………………………… 108
66. "情景再现"要注意的几个问题是什么? ………………………… 109
67. 如何理解"内在语"的功能与特性? ……………………………… 110
68. "内在语"在运用上的两大主体性原则是什么? ………………… 112
69. 如何让语言表达"轻盈"且"有力"? ……………………………… 114
70. 说话太"垮"怎么办? ……………………………………………… 115

71. 吐字发声太"笨拙"怎么办？......116
72. 总是"端着"说话该如何解决？......118
73. 如何增强声音的"层次"和"弹性"？......119
74. 如何增强声音的"表现力"？......121
75. 为什么表达已经非常卖力了但仍感觉"不到位"？......122

四 表现篇

76. 说话感觉不够真诚怎么办？......127
77. 说话总"拿腔拿调"怎么办？......129
78. 读稿（播新闻）读不顺，总出错该怎么办？......130
79. 语言表达中是声音带动情绪，还是情绪带动声音？......132
80. 语言呈现中是内容重要、形式重要，还是语言修辞重要？......133
81. 一上台主持心里就格外紧张怎么办？......134
82. 播音主持中，说话不从容越说越快怎么办？......136
83. 播音主持中如何开口说好"第一句话"？......137
84. 台下准备得很充分，为什么一上台表达就找不到感觉？......139
85. 说话时的整体身体感受应该是什么样？......141
86. 如何调动语言表达中积极的情绪和状态？......142
87. 如何深化主持人的"感受力"？......143
88. 如何增强主持人的现场"表现力"？......145
89. 如何找到说话"沉下来"的感觉？......147
90. 播音主持中的"沉下来"与"状态积极"是什么关系？......148
91. 日常练声的"六个意识"是什么？......150
92. 播音发声的"三重支柱"是什么？......152
93. 即兴口语表达训练的"三个层次"是什么？......153
94. 副语言在配合表达时容易出现哪些问题？......155
95. 手势运用的"九宫格法则"是什么？......156
96. 眼神的运用有哪些原则和维度？......157

97. 主持人在服装选择和搭配上有哪些讲究? ……………………… 159
98. 普通话水平测试的意义、难度、形式与等级是什么? …………… 161
99. 普通话水平测试各部分考查重点及策略有哪些? ……………… 162
100. 普通话水平测试的应试技巧与注意事项有哪些? ……………… 164

参考文献 ……………………………………………………………………… 166

一

语音篇

1 何谓"调类""调值"?

"调类"顾名思义即为声调的"类型"或称"种类",汉语普通话中一共有四个调类,分别为阴平、阳平、上声、去声(简称阴、阳、上、去),也俗称一声、二声、三声、四声。经常有人会提出疑问"轻声"为什么不算?"轻声"其实是一种声调的变调形式,因而就不能归类到"调类"之中。"调类"侧重在声调类型上做出一种划分,不包含内部的具体音高等参数特征描述。

"调值"是"调类"后的连续性概念,是"调类"的进一步补充和说明,"调值"即声调的"数值",在"调类"的基础之上更为具体和细化了,把声调落在了高低、升降、曲直的可描绘和感知的层面上了。汉语普通话中四个调类阴平、阳平、上声、去声的调值分别为阴平(5 5)、阳平(3 5)、上声(2 1 4)、去声(5 1)。在这里强调是汉语普通调值的原因,是在不同地区的方言之中虽然同为阴、阳、上、去四个声调,但是它们的具体调值参数是有差别的,也自然显现出方言强烈的地方性特征。

在这里引入"五度标记法"的图示(图1-1)帮助我们进一步理解,这个图在我们平时的学习中也会经常用到。

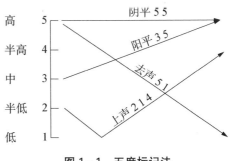

图1-1 五度标记法

如图所示,"五度标记法"清晰易懂,更直观地展现了声调中的高低、曲直、升降等关系。纵坐标是音高,从下至上逐渐升高,五个数字分别代表五个不同音高即1(低)、2(半低)、3(中)、4(半高)、5(高);横坐标是音长,代表发音的长度。从图中可以清楚地看到四个声调起始点、过程、收尾处都是不同的,也就形成了汉语普通话在语音层面上的多元和丰富。

阴平——（5 5），是一条始终处于最高位的直线，从头到尾都没有曲直和升降变化，它的特征归纳为"高平调"。

阳平——（3 5），是一条平缓上升的处于中高位的直线，没有曲直变化，整体呈现出平稳上扬趋势，它的特征归纳为"高升调"。

上声——（2 1 4），是一条贯穿了高中低的折线，也是唯一一个有曲折变化的声调，呈现出先下降再上升的趋势，它的特征归纳为"降升调"。

去声——（5 1），是一条极速下降贯穿了所有音高的直线，没有曲直变化，呈现出明显又快速下降的趋势，它的特征归纳为"全降调"。

2 何谓"调形"？

"调形"就是声调在不同调值的规约下，所形成的不同声调的高低线性形状，声调的多样性、多变性形成了不同的"调形"，也从而才有了丰富的语音呈现。"调形"概念的介入让我们对调值在具体表达中的变化曲线有了一个更形象的认识。

第一，何谓"调形"？"调形"是在具体的"阴（5 5）、阳（3 5）、上（2 1 4）、去（5 1）"四个调值的基础之上，因其声调在"起—中—末"三个部分的音高差异，从而产生了不同声调发音的走向和趋势，从而形成了实际读音的线条式"外形"轮廓。这个概念所侧重强调的是因其具体调值的差异而带来的声调的高低走势的实际变化和读法，引入"调形"这个概念是将抽象的内容具体化、可视化的一种方式。

第二，"调形"的特征和趋势。依据"阴（5 5）、阳（3 5）、上（2 1 4）、去（5 1）"四个调值的具体读法，可以描摹出它们的整体变化趋势，即阴平（5 5），从起—末的趋势是从高出发，继续延续直至结束，它的"调形"是一条直线，因而在所有的"调形"之中形状最简单也最单一，它的整体特征就是"高且平"。意思就是发阴平（5 5）的时候既要有起始的高度，同时还要持续地保持住,不能在中间和尾巴处下坠,从而保证阴平的音准(图1-2)。阳平(3 5)整体的调形特征是"高升"即中位起,然后持续稳步上升,最后在尾音达到最高,整体的"调形"是一条倾斜度中等的右上扬发音调形(图1-3)。上声(2 1 4)整体的调形特征是"降升",即它的调形不是一条直线,而是由两部分所组成的"折线",有了明显的升降变化,中起先降至较低再完成快速高升的过程,上声的"调形"和发音也是四个调类当中最复杂,也最容易出现问题的一个(图1-4)。最后,去声(5 1)整体的调形特征是"全降",也是一个贯穿了全部高度的声调,呈现出"对角线"式的急速下降趋势,整体干净利落(图1-5)。

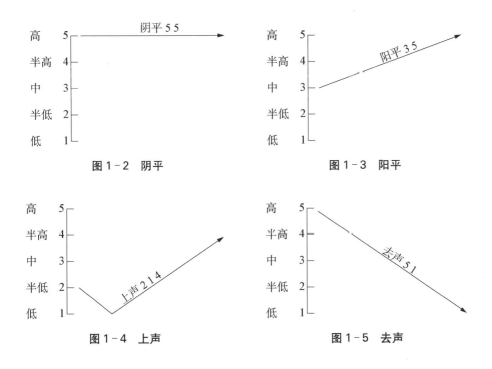

图1-2 阴平　　　　　　　　　图1-3 阳平

图1-4 上声　　　　　　　　　图1-5 去声

第三,"调形"与实际发音的关系。"调形"的概念与图示是将实际较为抽象的声调路线做了一个较为具体和直观的外化展示,这种发音中的"调形"意识在我们学习普通话的初期是非常有必要的。让我们进一步有了发音中可供参考的外化衡量标准,能够在我们发音不够标准的字音中更形象、更简明地找到问题所在(如起音过高或者过低;发音过程音调下坠;上升不平缓;拐弯处生硬；音长不够；尾音没收住等问题），也是我们在学习初期"刻意练习"的依据。同时需要注意的是，"调形"应该是一种发音意识，在相对熟练之后，不应该在脑海中总"牵挂着"调形是不是标准、是不是完整，而是要把更多的注意力放在内容本身上，这就需要我们前期的反复练习并纠错，让这种说话的感觉成为一种自然的、熟练的肌肉记忆。

3 何谓"调域"？

"调类""调值""调形"是我们经常提及和使用的三个概念，与此同时还有一个"调域"的概念也非常重要，它所侧重的不是具体的声调"高与低"或者音高的数值问题，而更侧重于声调整体高与低的"相对性""完整性""连贯性"问题。也正因为有了对声调表现差异的深层次认识和把握，才有了更为丰富的声音外在表现力。

何谓"调域"呢？为什么在这里提出了"调域"这个概念？因为在语音发声之中所强调的"声调"问题，其实是一个相对的音高概念，而不是绝对的音高概念，即我们所谓的"高（5）"有多高？"低（1）"有多低？是没有一个恒定的参考数值的，没办法一概而论，它们的 5 度（1—5）跨度是不一定的，也是因人而异的，因而（1—5）的相邻音高之间的跨度的不同就形成了不同的"声调呈现区域"，这就是所谓的"调域"。所以本小节主要解决关于"调域"内涵在理解上的四个问题。

第一，"声调""调域"的群体性特征。"声调"其实质是这个"音"相对于"另一个音"的相对高度问题，即谈论"声调"问题就不能是一个个体的、独立的单个音节、因素的高度（单独发了一个音，我们其实是无法判断这个声调是高、低或是适中的，因为缺少了必要的参考系），而必须将其搁置于一个"群体声调"之中去探讨，寻找一个可比较的坐标系。即便是调值中所认定的阴平（5 5）、阳平（3 5）、上声（2 1 4）、去声（5 1），这里的音高也指的是如阴平

(5 5)中1—5之间的相邻音高差(即1—2、2—3、3—4、4—5之间的单位距离是相等)(图1-6),只有这个相邻音高差等位,阴平中的(5 5)才有了较为稳定的高度和可供呈现的参数。

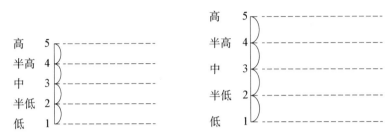

图1-6 不同调域之间相邻音高的间距相同

第二,"调域"有哪些分类。不同个体的声音特质不同,导致了他们说话的四个声调虽也有(1—5)跨度,但是差异表现在相邻两个音高差的变化,即在"大音域""中音域"还是"小音域"说话(图1-7)。在这里其实笼统地给"音域"划分为"大""中""小"并不完全准确,因为这里的"音域"同音乐中的"高""中""低"声部有一定的相似之处,但是又不完全一样。音乐中的三个声部几乎较为全面地反映了音符音高的活动范围。但是口腔发声因个人体质和声带的差异,总会显现出在"音高"上千变万化的个体性差异。例如在"大音域"和"中音域"之间必定会因个体发声器官的不同,而在两者之间又有若干种具体的"个体音域",这也显现出了人嗓的层次丰富、人格化、有生命力且具塑造声音的能力(图1-8)。

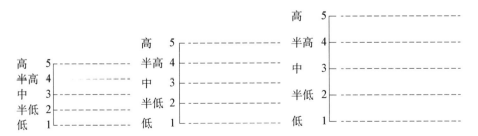

图1-7 小调域、中调域、大调域

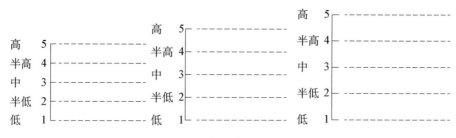

图1-8 同一个调域仍存在细微差别

第三，字、词、句中的"调域"关系。单独的一个字音是不涉及"调域"问题的，而同一个词语（两字、三字、四字）的所有音节的发音如果没有特殊处理和设计是要保持在同一个调域的，即在一个二字词语内部，第一个字在小调域、第二个字却在大调域，这样会有一种声调混乱的感觉。而一个句子当中的不同词语之间，根据具体的语境和表达需要，可以不在同一个"调域"内。

第四，不同"调域"之间的关系。既然"调域"规范了人说话的具体声调高度，那么是不是一个人的说话声音只能在一个"调域"才叫标准呢？其实不然，我们在表达的过程中是有表达舒适区的，即这个"调域"可能是我说话相对舒服、相对理想的区域。但与此同时，人的声音的"调域"也是需要变化的，也应该要跟随表达的内容、情感、重点等问题做出必要的改变、调整和适应，从而实现表达层次的清晰、重点的突出等。因而在实际的说话过程中，我们一定是"大调域"＋"中调域"＋"小调域"的相互结合、相互补充，往往在强调的时候习惯用"大调域"进行凸显重心。"调域"的转换在艺术语言之中运用得更为广泛、更为多样，从而去营造不同的语境、情绪和意象，它相较于日常口语表达更为多样和复杂。

4 "阴平"如何才能发得标准？

"阴平"也就是汉语拼音当中俗称的"一声"，"阴平"的调值是（5 5），它的调值参数就决定了"阴平"整体的发音特征是"高"且"平",虽然"阴平"的声调调形是一条直线,看似是最简单的,但是在实际发音的时候"阴平"却常出现问题。

第一,发音只有"调形"意识,而没有"高度"意识。如发"阴平"虽然发音整体是一条直线(符合"阴平"调形的基本特征),但是高度却不足(5 5),可能发成了(4 4)或者(3 3)(图1-9),而"阳平"又发成了(3 5)(图1-10),这时候"阴平""阳平"出现了调值的交叉,而且"阳平"的整个音高也超过了"阴平",这就不符合四声调的基本特征和发音规律了,因而呈现出整体声调的不准确性,这就是缺少对声调"相对音高"的整体把握。

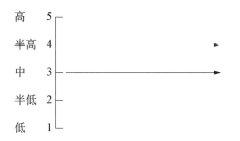

图1-9 阴平调值偏低

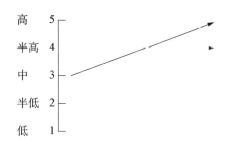

图1-10 阴平过低导致阳平音高超过阴平

第二,调形不够平。就是发音的过程中,在完成这个音节的时候产生了明显的音高升降的波动变化(一次或若干次),最明显的特征就是声音不稳定,有颤抖感(图1-11)。

第三,尾巴下坠。这一点也是出现频率最多的错误,(5 5)的调值就说明其从开始到完成一直保持相同的高度,要有持续的、连续的高位过程。

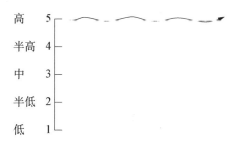

图1-11 阴平发音不够稳定出现颤音

但是实际发音过程中则会出现(5 5)中第二个5,即尾音的音高会不自觉地下坠的情况,因而在实际发音的过程中发出了(5 4.5)(图1-12),有一些尾音下坠得比较严重的也会将阴平发成了(5 4),甚至是(5 3)的调值(图1-13),从而影响了声调整体上的准确性。

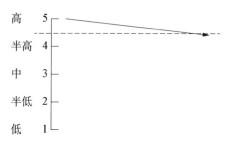

图1-12 阴平尾音轻微下坠

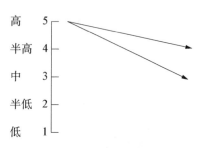

图1-13 阴平尾音严重下坠

对应上述问题分享几个方法,可以有效地克服这个语音不足。

第一,要去熟悉相对音高的概念、内涵和特征,通过反复的练习感受在不同"调域"内阴平的相对高度,形成听感上的强烈辨识,也要达到一种熟练的声调敏感。

第二,要尽量去调整"阴平"的表达方式,如不能发得拖沓,不能拉长声,要去摸索坚实、稳定、干净利落的声调呈现方式。

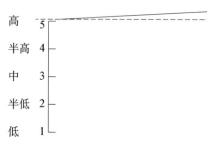

图1-14 阴平发成(5 5.5)

第三,既然(5 5)经常被不经意地发成(5 4),我们也可以用反向的原理在练习的初期予以归正,如将(5 5)发成(5 5.5)(图1-14),即在尾音处可以有半个声调的提升,从而规避尾音下坠的问题。要说明的一点是,发成(5 5.5)的调值,其目的不是为了提升尾音,而是要给自己在发"阴平"的过程中一种积极的、可以被感受和量化的心理暗示,努力保持住"阴平"整体上"高"且"平"的发音特性。

5 "阳平"如何才能发得准确？

"阳平"即汉语拼音中的"二声","阳平"的调值为(3 5),是四个声调当中唯一一个"全升"的声调,主体特征是中声区(3)起步,然后稳步上升,升到高声区(5),整个发音的路线有序、平稳、递进,是四个声调中难度较小的,但是在发音的过程中也会出现若干问题,让"阳平"的发音出现偏误现象,因而要尽可能避免。

第一,避免起始音过高。"阳平"的调值为(3 5),如果起始音过高的话就会呈现为(4 5)的调值(图1-15),(4 5)的调值在一定程度上缩小了"阳平"声调的音高跨度,从标准的3—5的两个跨度,缩小为4—5的一个跨度,音高跨度的缩小让"阳平"的声调活动空间发生变化,人为地压缩了"阳平"的声调纵深感,使"阳平"声调变化幅度变小,整体不饱满,从而显得声音干瘪、没有弹性,缺少了声音的层次性。

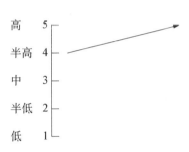

图1-15 阳平起点过高(4 5)

第二,避免尾音过低。"阳平"的调值为(3 5),如果尾音过低的话就会呈现为(3 4)(图1-16)(2 4)(图1-17)的调值。(3 4)的调值是尾音降低了一个跨度,这样的音高表现出来的最大特征就是在听感上会归音不完整,总有一种"音长"差半截的感觉。(2 4)的调值是起始音和尾音各降低了一个高度,但是在整体跨度上保持2个跨度不变,因而它自身的整体调形没有发生变化,(2 4)的发音单独听也问题不大,但是问题在于"阳平"(2 4)的调值与其他调值相互配合的过程中就会有明显的不协调,有一种高低不稳定,忽降忽升、忽高忽低的感觉。上述两个问题的关键之处,都是对相对音高的准确度把握不准,对不同音高之间的细微变化感受不够敏感,对(1 2 3 4 5)的音高发音位置还没有形成较为习惯的肌肉敏感度,因而要加强对相对音高的适应性训练。

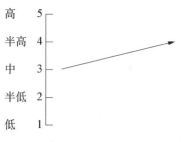
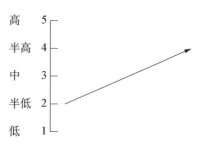

图1-16　阳平尾音过低(3 4)　　图1-17　阳平起末点整体降低(2 4)

第三,避免中间出现弯折。就是阳平(3 5)的调形在中间出现了偏折,不是"高升"的直线调形了,调值变为了(3 2 5)(图1-18),中间有了一个微小的下滑弧度,整个调形开始趋近于上声(2 1 4)的调形轮廓。给受众最直观的听感问题就是"阳平"不直,出现了拐弯,开始有了不该出现的小调调,影响整个发音的准确度。所以这一点还是要建立准确的阳平"调形"意识,有意识地控制"高升"的变化趋势。

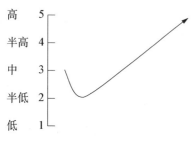
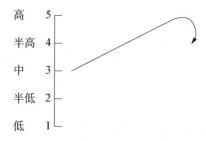

图1-18　阳平调形出现偏折(3 2 5)　　图1-19　阳平收口归音出现了内拐

第四,避免尾音出现拐调。就是阳平(3 5)的中间发音过程没有问题,但是在收口归音的时候出现了"内拐"的多余部分(图1-19),让"阳平"的发音还带了一个"小尾巴",使得整个"阳平"的调形呈现出了钩子状,听感上有一种"拖腔甩调"的感觉。因而,阳平尾音归音的部分一定要讲求干净利落,不要归音过度,从而造成画蛇添足的"拐调"现象。

6 "上声"如何才能发得标准?

"上声"即汉语拼音中的"三声","上声"的调值为(2 1 4),是四个声调当中唯一一个呈现三点式的声调,也是唯一一个折线调形的声调。它的调值特性决定了"上声"的发音特征是"降"与"升"的结合,以此区别于其他三个声调的直线调形和声调一致性(或持平、或高升、或全降),因而它的特性也决定了它在实际发音的过程中容易出现以下几个问题。

第一,上声(2 1 4)起始音过高。起始音过高易将其发成了(3 1 4)(图1-20)、(4 1 4)(图1-21),起始音的偏高或者过高让首尾的音高趋近趋同,减小了上声的声调变化幅度,同时它也影响了上声(2 1 4)的调形,调形的变化又会改变上声的准确程度,从而影响了上声发音的准确性。

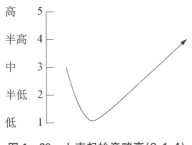 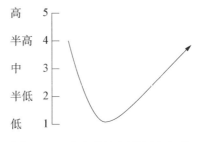

图1-20　上声起始音略高(3 1 4)　　图1-21　上声起始音过高(4 1 4)

第二,上声(2 1 4)落点太低。落点太低易将其发成了(2 1 3)(图1-22)、(2 1 2)(图1-23),甚至起始音升高、落点过低发成了(4 1 2)(图1-24)。落点太低的原因是没有完成"上声"发音整个动程及音长的全程,即没有完成"上声"在较高点归音的问题,从而造成"上声"发音的尾音下坠、音长缩短等现象。

第三,上声(2 1 4)的转折处处理得过于生硬和尖锐。在我们熟悉的五度标记法的图表之中,将"上声"表现为完全的"转折音"(图1-25),这种绘图

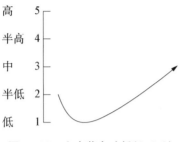

图1-22　上声落点略低（2 1 3）

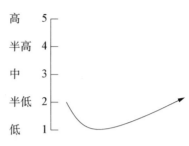

图1-23　上声落点过低（2 1 2）

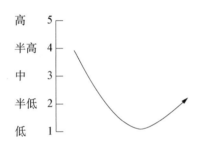

图1-24　起始音过高、落点过低（4 1 2）

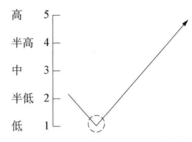

图1-25　上声的"完全"转折

的表现在理论上是可以说得通的，但是在具体的实践中，"折线"的画法确实会给一些人造成发音上的疑惑和困扰。就是这个转折处究竟要怎样处理？是按照图示，在音长坐标上瞬间完成？还是要具有一定的延时性？所以一些初学者在刚入门的时候，就难免"照猫画虎""就图发音"，所以将"上声"的音高转折处发得生硬且不连贯，听感上会有强烈的顿挫感，也不够自如和顺畅。

第四，上声（2 1 4）的尾音拉长声。就是一部分学习者，为了将上声（2 1 4）发得饱满一些，就人为地将尾音进行延长（有的还出现了尾音拐弯的现象），在听感上使得"上声"不够干净和利落，有一种拖音拖腔的感觉（图1-26）。

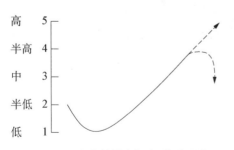

图1-26　上声的尾音拐音、拖音现象

对应上述问题分享几个方法，可以尽量避免和克服这些发音不足。

第一,在练习初期,可以通过对五个声高进行反复练习,努力找到合适的音高区位,熟悉不同音高在发音过程中身体和口腔的感觉和力度。

第二,可以有意识地借助五度标记法,利用手势和声音同步的方法,通过调形的方式完成上声的发音,让声音跟随手势的调形、高度进行变化,逐步适应将上声发满全程,通过这个方法做好归音的步骤。但是要注意的是,借用手势帮助完成发音,不仅要注重手势所绘制出的调形问题,更要注重手势的音高变化问题,从而借助手势的高度提示声调的高度,不可在胸前毫无目的地比画调形和音高,要形成一种"手与调"的相互统一。

第三,对于转折处生硬和不自然的问题,我们可以借助五度标记法的图示。我们认为"上声"在发音过程中的转折处不应该是一个"完全"折线的"调形",转折处应该是有一定时长持续的圆润、流畅的"滑动"过程。因此,为了方便大家更直观地去感受,我们可以暂且将上声(2 1 4)调整为(2 1 1 4)(图1-27),即上声在最

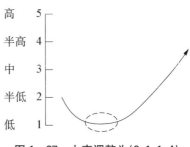

图1-27 上声调整为(2 1 1 4)

低点的转折之处不再是一个点了,而是一个流畅的、圆润的"短线",是一个向前推进音长的短时间持续过程。有了这样一个短时的持续过程,这种强烈的转折感就会大大减小,从而使发音更为自然、圆润和饱满。

第四,在上声尾音的部分,也可以利用手势做调形的路线指示,在完成全部音程之后,借助手势干脆、利落地收住尾音,不要让其再做多余的延续,保证上声的准确程度。

7 "去声"如何才能发得准确?

"去声"即汉语拼音中的"四声","四声"的调值为(5 1),是四个声调当中

唯一一个贯穿了所有音高的声调,也是唯一一个直线全降的声调。它的调值特性决定了"去声"的发音特征是"全降",以此区别于其他三个声调的调形。因而这个声调要求稳定、干脆、到位。在实际发音的过程中,也会出现以下几个常见的问题。

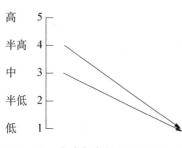

图1-28 去声起点偏低(4 1)(3 1)

第一,起始音偏低。"去声"的调值为(5 1),如果起始音偏低或者过低的话就会呈现为(4 1)(3 1)的调值(图1-28)。(4 1)(3 1)的调值在整个调形上虽然也是"全降",但是全程的跨度却是不够的,标准的"去声"(5 1)是五个音高跨度的全降,而(4 1)(3 1)表现为四个、三个跨度的"半全降""半降"。单发这种"半全降""半降"音的时候感觉还没有特别明显,但是当它和其他声调配合的时候就会显得声音、声调转换之间的不协调,衔接不紧密,有一种"掉"的感觉,从而表现出来的声音就不够稳定。所以就这一点还是要去努力感受、习惯、适应音高的相对高度,做到心中有数,口中有数,从而完成声调间的配合。

第二,归音不完整。"去声"的调值为(5 1),从5出发后没有完成全程的音长,而是在中间出现了声音的"断裂",只完成了整个音长的1/2(图1-29)或者2/3(图1-30),最直观的听感就是"去声"还没有全部发完声音就结束了,整个"音长"的时间不够,像说话只说了"半截"一样,同时也造成归音不到位,声音不饱满,不完整。这个问题也可以借助五度标记法图示,用手比画出

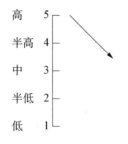 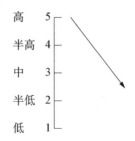

图1-29 去声音长的1/2　　图1-30 去声音长的2/3

它的音长全程,让手势带动声音,有意识地完成归音部分,慢慢形成一种"去声"的发声习惯和音长感受。

第三,尾音明显拖长。这一点和第二点正好相反,有些人把"去声"发得太拖沓了,音长上超出了五度标记法的音长范围(图1-31),因而,有一种拉长声、拖腔的感觉,所以这一类问题也是要对尾音有所控制。要把"去声"的尾巴发得干净利索、斩钉截铁,出得去也收得回。

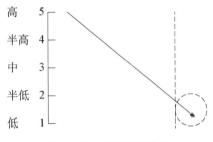

图1-31 去声尾音拖长　　图1-32 适度把去声音长稍做缩短

在这里还要说明的一点是,"去声"其实是四个声调当中最干脆的声调,因而,它实际发音的音长和"阴平""阳平""上声"相比,是最短的,所以虽然在五度标记法上它依然贯穿于整个音长全程的,但是在我们实际发音的过程中,要有一种意识,在发"去声"的时候可以适度、恰当地把音长稍做缩短(图1-32),从而让"去声"更有力、更干脆。同时还要强调的一点是,这里所说的"音长稍短"与第二点所说的"音长不够"是不一样的,这里说的是在短时间内发完整个音高的全程,而后者是未发完音高的"全程",从而使得音长变短,两者是不一样的,在这里要加以说明。

8 相同声调相连的变调关系是什么?

当单音节字脱离了个体的单位而组成双音节词语的时候,原有的孤立的音节声调就会受到与其相邻的声调(共同组成词语的前字或者后字)的影响，从而发生适应性的声调变化。因为不同单音节的相互组合关系，也就形成了不同的声调组合关系，声调的多样组合关系就又形成了一些声调的"变调"，原有的单音节声调在组合成词语的过程中，为了使得词语的表达更自然、更柔和、更流畅，自然在声调上要发生必要的"变化"。

不同的声调组合之间发生的"声调"变化也各不相同，一方面是变化的程度不同，有的是显性地发生了明显的声调变化，有的是隐性地发生了细微的、微妙的声调变化。同时，它们变化的方式也不同，有的呈现出声调的完全改变以此适应新的音节组合，有的是声调音长缩短来保证音节组合的协调，有的则是声调的音高变化来适应表达的听感舒适度，在这里重点介绍几组常见的声调"变调"关系。

第一，阴平＋阴平。当"阴阴"组成词语的时候，如播音、发生、期间等两个音节都是(5 5)高平，如果两个阴平声调全部发满即(5 5)(5 5)，在说的时候就会有一种用力过猛、重点不清晰的感觉，在听感上也会有一种僵硬、笨拙、不够灵活的感受，声音缺少了必要的起伏变化。因而当"阴阴"组成词语时，第一个阴平主动降低自身的整体调值，将(5 5)调整为(4 4)，即"阴阴"的调值从(5 5)(5 5)变为(4 4)(5 5)(图1-33)，"阴阴"组合第一个字整体降低一个跨度的调值变化让"阴阴"组合发起来更为平滑和自然，同时也符合轻重格式的一般规律。

第二，阳平＋阳平。当"阳阳"组成词语的时候，如拔牙、执迷、铜陵等两个音节都是"中升"，若两个声调都为(3 5)(3 5)的时候，其实一定程度上改变了原有词语的轻重格式，将原本(中　重)的轻重格式表达为了(重　重)或者(重　中)，轻重格式的改变也很大限度上改变了这个词语的重音，重音的改变又会使词语的表达含义发生改变。因而，在表达"阳阳"的时候我们一般会主动将第一个"阳"调整为(3 4)，且音长做一个缩短，从而将"阳阳"表达为(3 4)(3 5)(图1-34)，将重心重新回归到第二个字上，也回归到了(中　重)的普遍轻重格式之中，让语意更准确和贴切。

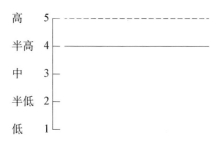
图1-33　调值从(5 5)变为(4 4)
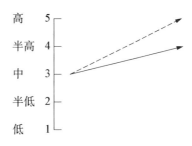
图1-34　调值从(3 5)变为(3 4)

第三,上声＋上声。当"上上"组成词语的时候,如保险、美景、很好、祈祷、产品等两个音节都是"降升","降升"的调形又是一个弯折的路线,因而若两个声调都发为(2 1 4)(2 1 4),说的时候其实"上上"是比较绕口的,不利于表达流畅性。同时在听感上"上上"(2 1 4)(2 1 4)的组合会有一种刻意为之、用力过度的感觉,而且也会感觉口腔不自然。因而,当"上上"组合的时候,我们一般会主动将第一个"上声"调整为"阳平"(3 5)。因而,"上上"的发音为(3 5)(2 1 4)(图1-35),这样说起来比较自然、流畅,同时也不会影响内容和语流的呈现。

第四,去声＋去声。当"去去"组成词语的时候,如放弃、戏谑、吊挂等两个音节都是"全降",即声调要贯穿整个五度标记法中的音高跨度,因而表现为(5 1)(5 1)。但是这样的声调表达还是过于刻意,不符合口常说话、交流的听感审美,说出来以及听上去都比较吃力。所以"去去"组合的时候第一个"去声"变为"半降"(5 3)(图1-36),既省略了两个音高的跨度,同时也适当地缩短了音长,让"去去"(5 3)(5 1)组合,能够表达得更流畅和柔和。

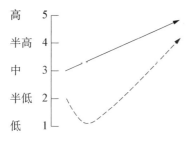
图1-35　调值从(2 1 4)变为(3 5)
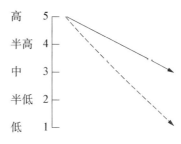
图1-36　调值从(5 1)变为(5 3)

9 "上声＋非上声"的变调特征是什么？

上声＋非上声（阴、阳、去），这一组合的"上＋非上"过程也是需要变调（如打更、祖国、美丽、审视），因为上声（214）无论是在音长、音高、调形上都是声调中比较特殊的，所以简单地将"上声"全部发满格，盲目追求单个字音的准确性，其实就等于在"上声＋非上声"这类组合的词语当中着重强调了第一个字，这就可能改变词语的语意、轻重格式，从而影响了词语在句子中的具体意义。

常见的教科书中，当"上声＋非上声"组合时，会表述为将"上声"（214）调整为（21）或（211），从而缩短"上声"的音长、降低"上声"的音高、弱化"上声"的转折，以此让"上声＋非上声"的词语组合表达得更轻盈、更连贯。将"上声"（214）调整为（21）或（211）后，音调的整体特征上有几个重要的变化：①将"降升"调整为了"半降"（与去声不同的是音高跨度比较小）；②音长大大缩短了，趋近于原有的 2/3 音长（因为"上声"本就是四个声调中发音最长的，适当的缩短音长其实是和其他声调的相互协调和让步的过程）；③几乎抹去了"上声"的转折部分，让变化后的"上声"成了一个平滑的直线调形。

上述三点"上声"变调后的明显变化中，前两点是比较容易理解和接受的，但是第三点所言几乎抹去其原有"转折"的调形是不是合理和贴切呢？在这里与大家共同探讨和商榷。笔者认为（21）或（211）的变调并不完全准确，它是一个"小跨度"的音调全降过程，也就是说整个声调是往下走，几乎失去了原有的"上声"的调形特质，它缺少的不仅仅是"上声"在发音过程中的一个折线调形的问题，而是在这个调整后的调值和调形之中，连原有"上声"声调折线声调的表达趋势都没有了。笔者所认为的变调后的"上声"可以不是（214）的明显曲线调形，但是不能完全丢失曲线的特征与心理准备（哪怕是实际发音并没有体现，但是心理不能没有这个过程，更不能没有这个意识）。

因而,是不是可以将(2 1)或(2 1 1)调整为(2 1 2)(图1-37),让我们在发这个变调后"上声"的过程中不是全降,而是在心里仍有一个较为清晰的"微上升"的声调趋势,这个上升的趋势可以不明显,但不能缺失。其次(2 1 2)中的最后一个(2),也可以不是2,是1.5也没有问题,但是这种向上的带动(拉动)的趋势是要明确和清晰的。因而,建议将"上声+非上声"组合中"上声"调整为(2 1 2)以增强"上声"的声调特质。

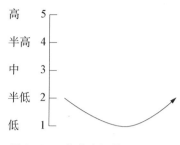

图1-37　将去声调整为(2 1 2)

10　"一""七""八""不"的变调规律是什么？

在汉语普通话之中虽然只有四个声调,但是不同的声调前后搭配组合之间为了流畅,自然就形成了多种语音的变调,前文也讲了一些常见的声调组合的变调关系,它们具有广泛适用性,能够起到比较普遍的指导作用。其中也不乏一些相对特殊的字与其他声调组合之后也会产生声调的变调,"一、七、八、不"的声调变调就存在着个性的变化。"一、七、八、不"这几个字在普通话中出现的频率非常高,如果不掌握这些字的变调,还是念这个字的原有读音就容易使表达语感不通、表达不流畅,不符合受众日常的说话习惯和理解习惯。

第一,"一"的四种变调关系。①"一"字单独念或者表达一定的序数意义的时候仍念阴平,如一、第一。②"一"字与非去声组合的时候,"阴平"变为"去声",即"一"+"阴平"、"一"+"阳平"、"一"+"上声"三种组合的时候,"一"由阴平变调为去声,如一根、一般、一时、一体、一晚。③"一"字与去声组合的时候变为阳平,即"一"+"去声"组合,"一"由阴平变为阳平,如一切、一半、一概、一定、一路、一线(一线这个词中的"一"保持阴平时是最前沿的意思,如战斗一线,变为阳平的时候是一点、一些的意思,如一线希望,所以有一些类似这样的词语要灵活掌握,不能过于机械教条)。④"一"夹在重叠词之间的时候一般念轻声,如看一看、问一问、听一听、摸一摸、走一走等。

　　第二,"不"的三种变调关系。①"不"字用在"阴、阳、上"三个声调之前保持去声不变。②"不"字用在"去声"之前时,"去声"变调为"阳平",如不料、不配、不愧、不必等。③"不"字夹在两字中间的时候一般念轻声,如好不好、走不走、吃不完、看不了等。

　　第三,"七、八"变调关系的转变。"七、八"本身的声调是"阴平",单念、表语序的时候都是本音。在"去声"之前可以变调为"阳平",如七个、七件、八万、八次等。但是"七、八"的变调也具有一定的时代性,这种变调规则和语境的关系越来越密切。通过我们的观察发现,现在很多人对"七、八"的表达有明显的不变调趋势,而且也逐渐成为一种语言习惯,不能算是语音错误。

11 字、词、句、段的声调存在什么关系?

　　通过对前面几个问题的回答,我们详细梳理了普通话四个声调的类型、特征、常见问题以及解决方法,以期从一个更为系统的角度理顺声调发音特性,有的时候为了把概念、特征、问题说得更清晰透彻,也采用了一些适度夸张的方式方法,目的就是让大家更好地理解不同声调及其发音规则,帮助我们更为准确地发音。于此,上述所阐释的更多的是单个音节的声调特性与规律,而实际上说话是一个系统、一个整体,肯定不能单字、单音的说话,而是由一连串的字、音、词组成的一个系统,这种系统才具有多维的表达功能。既然如此,我们就不能将字、音、词的个体与表达内容的整体性相互割裂,而是要努力将字、音、词置于实践应用的语句、段落、篇章之中,不能过度纠结于个体发音规则的完全及完整性,而是要在具体的表达之中去相互协调与配合。所以，在这里要强调几层"字、词、句、段"的声调在实际运用的过程中存在哪些直接或间接的关系。

第一，掌握个体音节的声调规则是重要前提。前文对单音节的声调进行了翔实的说明，目的就是要对普通话的四个声调从整体轮廓上厘清，以及对个体发音特征的判断与辨识。谙熟不同声调的发音调类、调形、调值、调域，在我们说话的过程中能做到心中有数、有所取舍、有的放矢。虽然在实际的表达之中，很多的音节声调会因各种音节的组合搭配关系而呈现不同的变化（如半音、降调、变调等），但是这并不影响我们对每一个声调整体走向的理解以及对发音趋势的把握。

第二，从"字"到"词"再到"句段"，不能犯简单的机械主义错误。这就是在谙熟了单音节字的声调发音之后，不能将其机械地运用于词语以及语段之中。在处理词语、句段的过程中仍然依照单音节的处理方式，把每一个音节都处理的标准、饱满、圆润、到位，简单盲目地追求每一个字的发音准确程度，从而造成了词语、句段在表达上的生硬、僵化和不连贯。在这里，我们一定要有一种整体意识，即要注重字、词、句、段之间，以及内容与表达之间的整体性、相互性、让步性。就是当字、字音脱离了以"个体"为单位的发音而组成新的词语之后，那么这个词语就是一个整体，如对于双音节词就要考虑它与前后音节的相互关系，将双音节词看成一个整体处理，要有所协调、协同和做出必要的让步，从而让字、词、段的表达更为自然、流畅和舒服。

第三，表达要准确，但也要灵活，让人听着舒服，让表达为内容服务。所有声调的呈现都是为表达服务，而表达又是为内容服务，因而，声调也应该为内容服务，在表达准确的前提下，应该多样、灵活、巧妙地处理声调间的多样关系。首先是让人能够听清楚，听明白，不会产生歧义，这是语言表达最基本的要求。其次是让人听着舒服，符合 般的交流和对话习惯，符合日常语境以及媒体语境下的传播规律，让人听着舒服和放松，从而才能让表达更好地为内容和语意服务。

12 "轻声"的发音原则及特征是什么？

普通话有四个声调，声调起着区分语意的重要作用。在实际的语音发声中，有些音节组合之后为了表达得自然，约定俗成地失去了原有的声调，将原声调念成一个较轻较短的声调，我们将此称之为"轻声"。轻声不是普通话阴、阳、上、去之外的第五个声调，而是原有的四个声调在特定词语、环境需要之下的一种"变调"，是一种语音的适应性变化现象。变调之后原有音节声调的音色、音高、音长、音强，都会发生一定的变化，其中最为显著的变化是音长和音强的改变。"轻声"的变调有两个层面的内在原因，其一，是能够更好地分清不同语境下的词性及语意关系；其二，有一些音节组合之后可能由于不同音节、声调的多样构成关系，有些词语说起来比较拗口，所以用轻声的变调方式让语意更加清晰，语流更加顺畅和自然。整体来说，轻声的变调表现为三个主要特征。

第一，区分词性、语意。汉语普通话的书写和表达是存在一定差异的，有一些文字看上去语义没问题，但是表达出来可能就会产生歧义和误会了。这主要包括两类：①相同字的不同词性和含义，如言语（非轻声的时候是名词，是所说的话的内容等；轻声的时候是动词，有说话的意思）。②不同汉字的相同读音的区别，例如文字形式的（报酬、报仇）（字句、字据）（记述、技术）是能够一眼就区别开来的，但是因为其汉字不同但是读音完全相同，再将文字转换为有声语言的时候，如果不加以区分就极容易造成意义的偏差，所以我们就常用轻声的方式处理。但是有一些词汇仍然是无法用轻声区分的如（马路、马鹿）等。

第二，"轻声"的部分与原有音调相比"轻而短"。既然是"轻声"就意味着它的发音与原声调相比是有明显变化的，首先是音强上要从强—弱、从重—轻，音长上要从长—短，也就是说"轻声"不是单单指声音轻重一个层面的问题，而是关于音强、音长、音高等一系列的细微变化，是这些声音要素的变化共同作用的结果,只是我们在命名的时候没有将其命名得过于复杂,用简单的"轻声"囊括了声音的综合性变化的全过程,这一点需要引起注意。

第三,"轻声"也分音高层次,不能一概而论。虽然说不同的声调经过"轻声"处理之后都称为轻声,但是轻声之间也是有层次变化的。它是由轻声之前音节声调的不同而决定的,也就是说阴、阳、上、去四个声调之后的"轻声"处理在音高上还是有细微差别的。通常情况下如阴平+轻声,轻声就多是半低(2度)(如桌子);阳平+轻声,轻声多是中声(3度)(如房子);上声+轻声,轻声多为半高(4度)(如椅子);去声+轻声,轻声多为低声(1度)(如凳子)。虽然这些轻声的音高差异较小,但是在心里还是要有处理轻声层次的整体意识,从而保证其清晰度和层次性。

13 "儿化"音怎样说得圆润自然?

"儿化"音是普通话语音当中非常重要的语音变化内容之一,"儿化"音的准确运用丰富了普通话语音的表达样式,使得普通话更为自然、准确和亲切。所谓"儿化"音就是在发音时"儿"字不单独成为一个音节,而是通过卷舌的方式与前面的字的韵母结合在一起,从而形成一种儿化韵。"儿化"音的语音变化主要有以下几个作用和意义:①能够较为准确地区分词性,如(盖、盖儿),没有儿化的"盖"是动词,是把一个东西蒙上,有儿化的"盖儿"是名词。②区分词义与同音词,如(包、包儿),没有儿化的"包"指的是把一个东西卷起来,而有儿化的"包儿"一般可以指具体的背包儿、书包儿等。③同音词的区分,如(拉练、拉链儿),前面指的是训练,后面指的是拉锁儿,所以在表达之中要准确恰当地把儿化音说清楚。

笔者接触过一些学生,在他们的地方语音之中几乎没有"儿化"音的处理,所以他们在发"儿化"音的时候就显得比较吃力和不自然,经常会把"儿化"音的"儿"单独成音,如(冰—棍—儿)(脚—丫—儿)等,我们梳理了一下,发现把"儿化"音发好、发自然可以从以下几个方面入手。

第一，注重"儿"发音的融合性。所谓的"融合性"就是发"儿化"音的时候，不要再将"儿"字看作一个单独的音节去发，"儿"字一旦成为"儿化"音，那它就等于失去了作为个体音节的独立音节性了，而成了与前一个音节的辅音部分或相互融合的部分。如（豆芽儿、麻花儿、火锅儿、线条儿）等词汇，发音的时候三个音节要融合为两个音节，即后两个字要"化二为一"，主动将"儿"字及"儿"之前字的韵母部分发音做出必要的调整，例如减弱"儿"字字头的发音力量，缩短"儿"字的整体音长，增强"儿"字的归音意识等。同时"儿"字之前的韵母也要做出必要的取舍，一些音节可能就会因为"儿"音的融入，从而使得原有的音节不能发全，以此适应新的音节组合构成。

第二，注意舌头的"缩卷"程度。"儿化"音的处理方式主要就是通过舌头的"缩卷"与前韵母进行融合，所以对于"儿化"音舌头的"缩卷"就成了关键。确实有一些人发"儿化"音生硬、刻意、不流畅、不自然的问题，其实最主要的原因就是舌头的"缩卷"造成的。可以将其大致分为两类，第一种是"缩卷"幅度过大，过于僵硬的问题，卷舌的过程不能太用力，不能太刻意为之，舌头要保持充分的放松，以滑动的方式与辅音相配合，才能发出较为圆润的"儿化"音。第二种是辅音结尾与"儿化"开头的衔接部分不柔和，不能自然地构成一个新的音节整体，所以在衔接的部分两个字都要做出必要的让步，用自如的卷舌方式做好中间的过渡部分。

14 声母的构成原则及发音三大特性是什么？

在汉语普通话中，拼音音节通常由两部分构成，即声母＋韵母（也称辅音＋元音），声母在前、韵母在后，相互搭配组合共同构成完整的拼音音节。汉语普通话中声母一共有 21 个，分别为：b、p、m、f、d、t、n、l、g、k、h、j、q、x、zh、ch、sh、r、z、c、s（注意 y、w 不是声母，"y、w"可以看作是单元音"i、u"的另一种形式。按照汉语拼音的拼写规则,当韵母"i"或"u"独立成音节时,必须在它们的前面分别加上"y"或"w")。

按照发音部位,声母可以分为七类:双唇阻(b p m)、唇齿阻(f)、舌尖阻[舌尖前阻(z c s)、舌尖中阻(d t n l)、舌尖后阻(zh ch sh r)]、舌面阻(j q x)、舌根阻(g k h)。在这里"阻"的意思是发音器官的接触构成阻碍气流的地方。

声母发音的三大特性如下。

第一,短而有力。声母构成音节的开头部分,同时也起到音节之间的界限作用。声母的第一个特征是"短而有力",即短促,同时又具有唇齿之间喷弹的瞬间爆发力。换句话说就是声母发音要干脆、利落,要把充足的时间留给韵母,让韵母能够圆润和饱满。如若声母发的太长就会带动着韵母也变长,从而去平衡声韵母之间的关系,这样的发音就会有一种拉长音、拖腔甩调的感觉,从而影响整个发音的质量。

第二,准而有速。如上述所言,21个声母按照发音部位被分为了五大类,其中舌尖阻又被分为了三小类(前、中、后),舌尖的位置本来就很小,在此基础上的细分就说明声母的发音需要非常精准,否则就可能会影响声母的准确和清晰程度。因而说,准确且快速地在口腔内找准不同的成阻位置是发音的关键,首先要准确,是要熟悉口腔内的不同发音器官的位置关系,尤其是舌的不同位置,要用心去感受、理解和体会舌位的细微变化给发音带来的影响;第二要有速度,即不同成阻之间的变化是根据文字内容而产生的,没有固定的格式,所以从其中一个成阻变化为另一个成阻的时候,要在准确的基础之上迅速且敏捷,从而让音节之间能够连贯和顺畅。有时候我们说话会觉得嘴笨,舌头嘴唇之间倒腾不过来,其实就是口腔内部不够灵活,从而影响了发音的准确性和视听的美感。

第三,顺而有界。完整的音节由"声母+韵母"共同构成,也就是说发音的过程其实是从声母到韵母的过程,就是将两部分的内容整合为一个整体。所以在这个层面,第一点要强调的是"顺",即从声母到韵母的过程应该是一个平滑、顺畅的滑动过程,是声母带动着韵母流畅地完成整个发音的过程,而不能是跳动的、间断的过程。声韵母之间不应该在发音的过程中被割裂,要做到"形是个体、神似整体"。第二点要强调的是"有界",指的是音节之间形成词语、语流之后,既要保持语句的流畅,也要保持相对独立的音节之间的界限,从而让字字清晰可辨,不会有字词的黏着感。

15 韵母的类型及发音特征有哪些?

韵母是音节构成中的另一个重要部分,紧随声母之后(有一些"零声母"音节除外),与声母共同构成一个完整的音节。韵母一共有39个,这39个韵母可集中分为三个大类,即单元音韵母、复合元音韵母、鼻尾音韵母。

单元音韵母共10个,由单一元音构成(a、o、e、ê、i、u、ü、-i(前)、-i(后)、er)。

复合元音韵母共13个,由于2~3个元音相互结合而构成(9个二合元音:ai、ei、ao、ou、ia、ie、ua、uo、üe,4个三合元音:iao、iou、uai、uei)。

鼻尾音韵母共16个,元音后+n或ng构成(其中以—n为韵尾的韵母8个:an、en、in、un、ian、uan、uen、uan,以—ng为韵尾的韵母8个:ang、eng、ing、ong、iang、uang、ueng、iong)。

一个完整的韵母包含三个部分,即韵头、韵腹、韵尾,有的音节中可能缺少韵头,有的音节中可能缺少韵尾,但是韵腹是一定不会缺少的。韵头的主要作用是与声母相互连接,短促、快速地从声母过渡到韵腹。韵腹是整个韵母中最重要的部分,承担着韵母的大部分发音功能,因而发音时长相对较长,声音也较为响亮。韵尾是韵母结束的收尾部分,一般要有良好的归音,从而使一个音节发的圆润和饱满。

单元音韵母发音:单元音韵母发音是由声母+一个韵母构成的,发音的过程相对简单。发音的过程中口腔基本保持相对稳定的成阻,舌头没有明显的滑动,韵母集中、圆润、饱满,整体发音最为稳定。

复合元音韵母发音：复合元音韵母发音是由声母＋2～3个韵母构成的，韵母构成相对复杂，因而口腔内唇舌的变化就会相对单元音韵母发音有明显的变化趋势。发音时从声母到韵母的过程中，韵母会从一个滑向另外一个（或滑向另外两个），舌头是有明显滑动感的，唇舌是一个连续的、多层次的、细微的变化过程。同时要注意的是多个元音共同构成的韵母，不同的元音之间不再是单独的保持原有发音的元音个体，而是多个元音相互作用之后构成了一种相互融合、相互适应的音节，因而有一些元音就会改变其原有的发音，而和其他的元音相互融合成一个新的元音发音。

鼻尾音韵母发音：鼻尾音韵母是元音和鼻音一起构成的韵母，简称鼻韵母，也是我们通常说的"前后鼻音"的问题。这一类韵母发音是元音和鼻音相互融合与延伸而完成的。同时，元音多使用舌面，鼻音多使用舌尖和舌根，加强这个层面的区分，能够有助于我们更好地体会前后鼻音的发音特质。

16 韵母"四口呼"的特征与注意问题有哪些？

普通话的韵母可以根据有没有韵头以及韵头的性质分类，按开头元音的发音口形，韵母分为开口呼、齐齿呼、合口呼、撮口呼四类，简称"四呼"。"四呼"是由韵头、韵腹的特点决定的，每一种也都有它独特的发音特征。

第一，开口呼。凡是不以 i、u、ü 开头的韵母，统称为"开口呼"韵母。也就是没有韵头（介音），而韵腹又不是 i、u、ü 的韵母。具体包括除 i、u、ü 以外的全部单韵母，用 a、o、e 开头的全部复韵母、鼻韵母，如 a、o、e、ê、-i(前)、ai、ou、an、eng 等。开口呼韵母因其在发音时口腔开度较大，所以叫"开口呼"。"开口呼"要注意的是，虽然开口呼的韵母幅度是"四呼"之中运动幅度最大的，也是运动最活跃的，但是要注意的是"开口"的控制和归位。控制就是即便是运动幅度、口腔开度最大，但也不能用蛮力，这个"大"及"活跃"是一个相对的概念，所以要有意识地保持口腔在舒适和自然的状态。归位就是口腔开度大，有时候会对归音造成一定影响，很容易呼出去，然后收不回来，所以开头要能呼得出去，结尾要能收得回来，做到有始有终。

第二，齐齿呼。凡是用 i 开头的韵母叫"齐齿呼"韵母，发音时上下齿几乎是对齐的，因此叫齐齿呼，如 i、ia、ie、iao、iou、ian、ing 等。齐齿呼与开口呼相比，它的口腔与双唇的活动幅度明显减小，因为以"i"开头的韵母就是在上下齿之间的缝隙中突破阻碍而形成的声音，所以上下齿的关系就是齐齿呼的关键。要注意的是，"齐齿呼"是口腔前端上下齿形成阻碍，气息从上下齿的缝隙中突破障碍产生，但是口腔前段的狭小缝隙不代表口腔中部、口腔后部也要保持狭小细长的空间，如果口腔前、中、后都是"缝隙状"，那就会有一种挤字、捏字的感觉了，所以口腔中部及后部仍要保持适当的横纵空间，以此确保发音的饱满和完整。

第三，合口呼。凡是用 u 开头的韵母称为"合口呼"韵母，发音时双唇合拢，呈圆形状，所以叫合口呼，如 u、ua、uo、uai、uei、uan、uang、ueng，包括单韵母 u 和用 u 作韵头的全部复韵母、鼻韵母。合口呼需要注意的问题是唇形的明显变化，即"合口呼"中双唇合拢或者双唇靠拢之后再打开的过程，双唇是配合韵母的微向前接触，不要把双唇向前简单地理解为"噘唇"方式，这其中不同。具体包括两个层面，第一层面不同是"合口呼"双唇向外的程度没有那么明显和夸张，其实也可以将其理解为是一种双唇向前的趋势；第二层面不同是双唇的力量不需要那么大，力量太大就会让"合口呼"变为完全的双唇音，破坏了合口呼的配合性。

第四，撮口呼。凡是用 ü 开头的韵母称为"撮口呼"韵母，发音时双唇撮拢、呈圆形，所以叫撮口呼，如 ü、üe、üan、ün。"撮口呼"与"合口呼"有很大的相似之处，但是也有明显区别。首先"撮口呼"双唇向外聚拢得更明显，动作幅度比"合口呼"大一些。其次"撮口呼"比"合口呼"双唇的开度要小一些，力量更为集中和明显。区分二者的时候重点把握这两点的差异，找到它们各自的发音方法即可。

17 n、l，f、h 两组易混声母应该如何区分？

在普通话声母的拼读中，确实有一部分声母在发音方式和结构上有一些相似之处，或是唇形，或是舌位，或是唇齿关系等。也正因为它们的相似之处，有时一些方言区尤其是南方地区的学生，对这些相似、相近音节发音的口腔内部关系和内部变化感受不够敏感，就会造成声母的发音缺陷或者不规范。

出现问题较多且问题比较严重的就是 n、l 与 f、h 这两组声母。若 n、l 不分就会把 n 音误读成 l 音，或者把 l 音误读成 n 音，如将闹钟[nào zhōng]误读成[lào zhōng]，把老鼠[lǎo shǔ]误读成[nǎo shǔ]；若 f、h 不分就会把 f 音误读成 h 音，或将 h 音误读成 f 音，如将福建[fú jiàn]误读成[hú jiàn]，将湖南[hú nán]误读成[fú nán]等。有一些误读还会造成口语表达上的误解和歧义，如把河南[hé nán]误读成[hé lán]（荷兰）。因而这一部分很重要且容易出现问题，我们可以大致从以下几个方面予以区分和注意。

n：舌尖中部抵住上齿龈，上下牙齿轻轻靠近，软腭和小舌下垂，打开鼻腔通路，气流同时到达口腔和鼻腔，在口腔受阻，从鼻腔通过，声带振动，用喉咙发音的同时舌尖收回，收回幅度较小。

l：嘴巴微张，舌尖中部抵上齿龈，阻塞口腔中部通道，两边留有空隙，软腭和小舌上升，关闭鼻腔通路，气流突破阻碍从舌与两颊内侧间的空隙通过而成音，喉咙发音的同时舌尖快速放下，运动幅度相较于 n 稍大一些。

所以 n、l 两个声母的重要区别在于：①发 n 的时候鼻腔通路打开，发 l 的时候鼻腔通路关闭。②舌头的位置移动变化，发 n 时舌尖与上齿龈接触后收回幅度较小，发 l 音时舌尖与上齿龈接触后收回幅度稍大。③发 n 时舌头的位置相对稳定，发 l 时舌头有明显向后收缩。

f：唇齿音，就是利用上齿与下唇相接触形成阻碍而发出的辅音。发音时上齿、下唇主动相互靠拢并形成接触，接触的同时形成唇齿间的间隙，软腭和小舌上升，关闭鼻腔通路，而后气流从唇齿形成的间隙中摩擦而出，声带不振动，声音力度较弱。

h：舌根音，就是利用舌根隆起接近软腭形成缝隙，软腭和小舌上升，关闭鼻腔通路，气流突破阻碍发出辅音。气流从缝隙中摩擦而出，声带不振动，声音力度较小。语音学上指舌面后部上升，靠着或接近软腭（或硬腭和软腭中间）发出的辅音。

所以 f、h 两个声母的重要区别在于：①f 是唇齿共同参与形成阻碍，h 是通过舌头（舌根）的位置变化形成阻碍发声。②f 发音时舌头处于自然状态下稍有抬升，h 发音时舌根抬起，整个舌头有后缩的趋势。③f 发音时口腔的纵向空间较小，较扁，h 发音时口腔正常开合度，空间大小较为适中。

18 如何克服发 z、c、s 时的尖音问题？

"尖音"是播音主持语音当中常出现的语音问题之一，主要集中于声母"z、c、s"与韵母的拼合过程中。"尖音"带来的影响主要表现为说话不够干净，语音之中总是夹杂着"嗤嗤拉拉"的声音杂质。"尖音"在女性学生的语音问题上出现较为普遍，整体上会影响语音的准确性，同时语音中大量的"尖音"也影响整体语音面貌和语音美感。导致声母"z、c、s"出现"尖音"的问题主要有以下几个方面，可以在这些层面上加以注意和练习，提升唇齿间的适应性。

第一，舌尖位置错误或位置不准确。声母"z、c、s"都是舌尖音，也就是在这个过程中"舌尖"处于积极、主动的角色，参与形成音节。舌尖音整体特征是舌尖和上齿背成阻，向上与上齿背接触、靠近或是有靠近的趋势，也就是舌尖的整体位置和高度是在向上齿背趋近。反之，若将舌尖位置下移放在上下齿之间的缝隙之处，这就增加了舌尖与齿背的摩擦力，从而增大了发音阻碍，造成尖音的产生，因而要有意识地调整舌尖的位置。

第二,舌尖与上齿背接触的面积过大。舌尖音是舌尖与上齿背产生接触,而不是将整个舌尖与上齿背"贴住"。舌尖与上齿背接触面积过大会造成成阻过大影响气流通过,同时接触面积变大摩擦也会变大,造成一定的因震动过大而产生的"尖音"。因而舌尖与上齿背的关系应该是一种放松、轻盈的接触,或是靠近的动作趋势,而不能接触得太过紧密。

第三,舌尖过于紧张和用力。舌尖音虽然是舌尖处于主动的角色,但是主动的角色并不等同于要用过多的力量,把整个说话的重心放在舌尖处,这样反而会给舌尖造成过大的力量负担,也会因舌尖的力量过大,在与上齿背成阻的过程中促使"尖音"的形成。因而,要有意识地控制口腔内部的整体平衡感,控制舌尖的力量,掌握好分寸感,点到为止即可,反之则过犹不及。

第四,舌尖的动作趋势控制不足。舌尖音发音的过程中,整个舌尖起到主要的参与功能,舌尖主动向前上与上齿背有所接触,但是要注意的是,舌尖有向前接触的趋势,不代表舌尖要一直向前送,如果只是给舌尖一个向前的力,那这个力就不平衡了,缺少了必要的控制。因而,在给舌尖向前趋势的力的同时还要有一种舌尖向后的力与其相互平衡,这样舌尖才会更好地处于灵活和可控制的状态,舌尖与上齿背的接触也更自然和自如。

第五,说话的位置太靠前。另外还有一种是发舌尖音的过程中,整个口腔的位置太靠前,给舌尖音的出现形成了一定的内部压力,过大的力量集中在了口腔的前部,因而在成阻的过程中力量就很难控制,这就会形成由于力量过大而产生的摩擦音和尖音。这一点的建议是要适当地调整发音时的口腔状态,将整个口腔的重心往中间甚至可以稍后一点的位置移动,给口腔前部留出足够的空间,让舌尖音的整个口腔重心在口腔的内部,而不是唇齿的前部。

19 如何区分平翘舌音 zh、ch、sh、z、c、s?

平翘舌音就是我们常说的"zh、ch、sh、z、c、s"六个音,前三个为翘舌音,后三个为平舌音,同时zh、z、ch、c、sh、s是三组互为对应的平翘舌关系。通过字面的意思,我们也能明显看出它们的差别,即它们发音过程中舌头的平翘变化决定了发音的特性。具体地说,平翘舌发音可以从以下三个层面入手。

第一,舌头的平翘问题。平翘舌音从字面理解,就是舌头是平着还是翘着发的音,这里也要区分一个概念,就是平翘的相对性,即平舌也不是舌头完全摊开的状态,翘舌也不是舌头完全翘起的状态,而是相对于另外一种舌头状态特征而言的。所以说发平舌音整个舌面、舌尖较为放松,形成了一个相对平的状态,舌头没有明显的卷起状态和趋势。而翘舌音舌头会有一个向后上微卷的过程,舌尖前中部会有一个明显的上抬过程,从而改变口腔内的成阻位置和方式,通过上抬形成新的成阻部位。

第二,舌头的前后问题。舌头的平翘变化一定会带来舌头(尤其是舌尖前部)在口腔内部的前后位置变化。平舌音因为舌头处于自然、放松的状态,没有刻意的前伸、后缩及上卷的过程,所以平舌音的舌头位置就比较靠前,与上齿背有所接触。而翘舌音因为发音过程中舌头的上抬过程,就造成舌尖中前部上卷,舌尖由平舌的靠近上齿背的位置抬到硬腭的下方,所以整体的舌位相对平舌来说更靠中间一些,以便形成新的成阻。

第三,舌尖的接触位置问题。平舌音的舌尖前部接触上齿背或者上齿龈的位置,形成阻碍,软腭和小舌自然上升。翘舌音属于"舌尖后阻声母",发音过程中舌头整体上抬,舌尖后部接触齿龈后部或硬腭前部形成阻碍,软腭和小舌也会自然上升。要掌握舌尖的接触位置要领,如果翘舌音把舌尖放在了齿龈的位置,那接触位置就太靠前了,就会有一种港台腔的感觉,同时也不能卷舌过度,过于靠后的声音不仅僵硬,还会有大舌头的感觉。

平翘舌的发音都属于舌尖发音,除此之外不要再给这个发音多余的力量,尤其是双唇不要紧绷和噘起,双唇紧张或者太过用力就容易把"舌尖音"发得纠结和拧巴,双唇外噘也会使得"舌尖音"发得笨拙,所以要把专注力放在舌头上。即使是平翘舌要和圆唇音组合也不能让嘴唇太过主动和幅度过大,可以用双唇的内圆加以配合。

20 前后鼻音-n、-ng 应该如何区分？

前后鼻音的发音是语音板块经常困扰同学们的问题。对于这个问题，来自北方的学生掌握得稍好，来自南方的学生尤其是部分江浙沪区域的学生存在较为明显的问题。前鼻音是指韵母部分带有"-n"的音节，后鼻音指的是韵母部分带有"-ng"的音节。通常所说的前后鼻音不分大多是指 in、ing、en、eng、an、ang 不分，如将英语[yīng yǔ]读成[yīn yǔ]，将城市[chéng shì]读成[chén shì]等。

这些词语单独发的时候非常容易造成误解，但是有时候将它们放在特定语境的句子中就容易理解了，可是即便在语境之中我们也能理解其中的语意，但是这样的发音是不准确、不规范的，尤其是在广播电视等媒体语言之中是要避免的。前后鼻音问题主要集中在四个层面：第一是面对没有拼音标注的汉字时分不清到底应该读前鼻音还是后鼻音；第二是前后鼻音混淆，把前鼻音的字念成后鼻音，把后鼻音的字念成前鼻音；第三是后鼻音不会发力，把所有的前后鼻音都统一念成了前鼻音；第四是有区分前后鼻音的意识和想法，但是唇齿舌之间配合不够灵活，对后鼻音的发音始终处于一种"中介音"状态，就是既有前鼻音的特质，也有后鼻音的特征，存在一定的语音缺陷，尤其是广播电视媒体的从业者一定要加以矫正和克服。概括来说，可以从以下三个方面解决这个问题。

第一，前鼻音舌位与舌位变化。前鼻音和后鼻音的阻碍部位和开口大小不同，前鼻音前面的元音发音部位一般比较靠前，不要松动，不要后缩，上下门齿是相对的，口型较小。发前鼻音的过程中，舌尖首先向上齿龈运动，舌前部与上齿龈形成阻碍，使得气流从前鼻腔流出，形成前鼻音，前鼻音的特征较为尖细和清亮。如果发不出前鼻音可以用一个小技巧，把 yī 的音节延长，然后舌尖稍微往后一点点就是前鼻音。

第二，后鼻音舌位与舌位变化。后鼻音前面的元音发音靠后，舌尖后部微隆起,舌根要后缩抵住软腭,上下门齿离得较远,口形较开。发后鼻音的过程中,舌面(舌根)稍微抬起,向软腭移动贴近软腭,舌与软腭形成阻碍,使气流从后口腔进入鼻腔,发出后鼻音,产生鼻腔共鸣,其声音浑厚响亮。要注意的一点是,发后鼻音的时候不要用蛮力,不要使劲归音,轻轻即可,要尽量"点到即收"。前后鼻音在整体技巧上要记住一个大的准则即"前音稍后、后音稍前",不要走两个极端。

第三,软腭的升降变化。软腭可以控制鼻腔通道:软腭抬起可以阻塞气流进入鼻腔,保证口腔内有足够的气流强度形成爆破音和摩擦音;软腭下降,开放鼻腔通道,可以形成辅音中的鼻音。所以软腭是决定口腔通路、鼻腔通路的重要开关,自己要有善于自我调节的意识。

21 如何避免"哨音"的产生?

"哨音"也是在普通话语音中常出现的问题,主要表现为在发带有 zh、ch、sh、j、q、x 等音节(如知识、少先队、石榴、假装、期盼、修理)的时候会呈现出几个特点:①全程会有 sh、ri 等的伴随音,给人发音不干净、不利落,总是夹杂着其他音节的感觉。②受众在听感上会有一种说话时嘴巴"漏风"的感觉,因为 sh、ri 的伴随音会在口腔内产生较大气量,而这些气息不是属于该音节的发音之气,发音的时候就有漏风之感。③增加了一定的音感上的杂质,这种 sh、ri 的伴随音和本来的音节同时发出,会对原音节有一定的影响,同时还会影响原音节的清晰度和准确性。④整体的声音不够坚实,有一种气声过多的"发虚"的感觉。产生上述问题的原因我们归结为以下几个方面。

第一,在发带有 zh、ch、sh、j、q、x 等音节的时候舌头过度、用力地向上、向内"卷"了,造成了舌腭之间成阻过大,从而产生气流的摩擦音。zh、ch、sh、j、q、x 等音节的发音过程中舌头应该处于自然放松的状态,有控制地平摊在口腔内部,舌头前部和上齿龈之间有一定的相互作用力,齿舌之间的距离较为适中才能将这些音发好。但是一些人在发 zh、ch、sh、j、q、x 等音节的时候,舌头远离上齿背(龈),以向内、向上过度缩卷的方式呈现,舌头的整个位置的变化改变了原有的 zh、ch、sh、j、q、x 等音节的发音器官的位置。最明显的就是上齿背(龈)与舌头之间的距离、空间变大了,储存气流的空间扩大了,因而发音的时候过大的气息量就容易带出"哨音"。所以,第一个问题还是要重新调整舌头的前后位置,掌握舌头的动向和力度,找准了舌头的位置和动向就不难解决这个问题了。

第二,把"舌尖音"(zh、ch、sh)、"舌面音"(j、q、x)都发成了"舌根音",着力的位置不准确。如 zh、ch、sh 是舌尖后音,如果盲目地将舌头缩卷或舌位后移,就会改变舌头的发力位置,由于舌头的整体形状变化了,所以发力点后移到了舌根,舌根发力带动气息更强劲、更迅速,从而产生了一定的声音杂质。

第三,舌头过度上卷带来的舌位变化,改变了原有的气流空间和摩擦系数。舌头自然放松的时候发 zh、ch、sh、j、q、x 等音节的时候,气流路径较为平缓,没有多余的阻碍,同时气流阻碍少使得气息能够较为顺畅地发出。然而,舌头过度上卷后造成了口腔上部气息到口腔的通道空间变小了,缩小成为了一个缝隙,因而想要气息从口腔内喷弹出来的时候,气息就要在硬腭和舌尖、舌面处有更大的接触,从而产生更大的摩擦,也因此带来了因气流摩擦而产生的"哨音"。所以还是要放松并找准舌头的位置,找到相对自然、舒适的舌位,使其形成恰当的运动状态或是运动趋势。

22 "开嗓"常用的六种方法是什么?

第一,气泡音。气泡音可以放松喉部,缓解声带的紧张,找到一种轻松靠拢发出声音的感觉,发开口的、闭口的都可以,也可以用气泡音发出"a o e i u"。有的人可能发气泡音比较困难,一直发不出来或者发出的气泡音不连贯、不均匀,找不到发气泡音时声带的感觉。这个时候可以先发出 a 音,然后再用大拇指和食指轻轻地挤压声带,这样可以很好地帮助我们找到发气泡音时的身体以及声带的感觉。在这里还要强调几个需注意的问题:首先发气泡音的时候脖子、下巴不要过度用力,不能僵硬,要保持放松;其次不要胸口憋着气发气泡音,要保持身心的放松才能发出自如、匀称、连续的气泡音;最后在练习的过程中要有意识地把气泡音的"颗粒感"发出来,而且是饱满、匀称、连贯的颗粒感。

第二,"啊"的轻声哼鸣+"啊"的中声区开嗓。刚开始开嗓一定要遵守循序渐进的原则,不要着急给大劲儿、给猛力,给声带来一剂"猛药",这样不但起不到开嗓的作用,而且还会适得其反,让声带在没充分活动开的时候就过分发力,容易充血,损害发声器官。既然讲求"开"的过程,就是一个从浅入深,从低到高的过程,我们首先可以采用半开口"啊"的轻声哼鸣的方式,让发音器官、声带有一个适应过程,可以根据气息的大小尽量保持平稳并延长"啊"的长度,一般循环 2~4 次。其次是"啊"的中声区开嗓。有了"啊"的哼鸣作为基础,就可以进一步采用"啊"的中声区了,"啊"的中声区可以让口腔上下距离打得更开一些,响度更大一些,中声区的"啊"的主要目的是逐步放松声带和口腔。最后是要寻找口腔、胸腹、身体整体性通畅的感觉,要找到从口腔到小腹之间,整个身体是一根通畅的"管子"的感觉,中间没有阻碍,让呼吸更好地服务于发声。

第三,可以在上述基础之上用"a o e i u ü"的连续中声区发音训练声音的持续性。"a o e i u ü"的连续发声一定会带来口腔、舌位等变化,在发这一组音的时候可以感受口腔内部的发音器官位置的细微变化,从一个音过渡到另一个音,感受口腔内的发音器官的移动过程。在形成连贯的、流畅的、自然的音节发音的过程中使得声带能够得到充分的唤醒和激活。可以每个音节持续 2~3 秒,然后 6 个音节一起发完为一组,一般循环训练 2~4 次。

第四,"嘿"的中低声发声。当声带经过前三节的预热之后,可以逐步增强声带的爆发力和弹性了,如用中低声连续发"嘿"的音,响度不用太大,要找到这个音发得短促,有爆发力和喷弹力的感觉。感受声音的集中发力的同时,还要有一种声音带动身体向下发力的感觉,用这种方式为后续更持久的、更有力量的声音连续爆发做好基础。单个发音,可以 8～10 个为一组,循环 3～5 次。

第五,"嘿、哈"合并练习。"嘿、哈"合并发声区别于上述方法,既改变了第四节声音的路线,同时持续力、声调也有所增强。"嘿、哈"的组合要把声音往远处打出去,想象正前方 3～5 米处是一个靶子,声音就是你的子弹,要发得干脆、利落、有颗粒感,要有把子弹(嘿、哈)打到对面靶子上的力量和感觉。同时训练这一部分内容的时候还可以用手掌放在小腹的位置,感受每一次发"嘿、哈"的时候小腹的明显收缩感、跳动感和发力感,要去感受说话的过程中腰腹是如何用力,以及腰腹用力的过程中整个身体的感觉是什么样的,逐渐找到气沉丹田的身体感觉。"嘿、哈"为一组,一次 8～10 组,可以重复 3～5 次。训练完这一部分内容,声带就会有非常明显的力量感,同时还会有声带的松弛感。

第六,绕口令。最后可以通过练习不同相近音节的绕口令,来综合巩固上述的开嗓过程,也能进一步训练唇舌的灵活度。要提醒的是,训练绕口令一方面是语音层面的训练,另一方面也要将绕口令的内容、情绪融入表达之中,在表达中感受声音的变化,不要机械地念字出声。

23 口部操(唇部)训练的目标、方法及注意问题有哪些?

口部操是播音员主持人、播音主持专业学生的每日必备打卡项目,综合训练唇舌驾驭声音的能力。口部操一共八节,分为两部分,唇舌各四节(其实不止八节,有些训练方法也提倡十节,如增加了"立舌""双唇打嘟噜"等内容,本书选取了最具代表性且相对容易的八节)。笔者在经历了近 10 届学生的专业"练声"之后,发现了一个比较明显的问题,几乎所有同学对口部操的八节内容都掌握得较好,但是对于每一节的训练要点、训练目的、训练注意问题却知之甚少，更有一部分同学"过嘴不过脑"，反正在做口部操了，至于"为什么做？怎么做？要训练的唇舌核心能力是什么？"却一问三不知，只是跟着大家一起走了个形式而已，更无从谈及思考、领会和"练以致用"了，不但耽误了时间，还走了弯路。所以我们在这里分享一些口部操（唇部）训练的要点、目标和注意事项，供大家日后练习参考。

第一节"噘唇咧唇"。这一节由两个动作"噘唇"＋"咧唇"共同构成。"噘唇"时双唇力量向中间靠拢，把双唇噘出去，感受力量集中在嘴唇中间的感觉（说话时其实就是用嘴唇中间的力量），匀速向前噘起，感觉像是用噘出去的双唇去顶住正前方，停留1～2秒，然后双唇放松，用嘴角牵引的力量再将双唇从"噘"过渡至"咧"。要找到一种嘴角去主动朝着两个耳垂的方向牵引的感觉，停留1～2秒。用"噘"＋"咧"为一组感受双唇的一张一弛、紧张和放松，力量的集中和分散，感受双唇的着力方式。要注意的是，过程要匀速，到达"噘"和"顶"的两个极端的时候不要着急收回来，给一个1～2秒的停顿，体会双唇肌肉的张弛感。一噘一咧为一组，10～15组为一轮，可循环2～3轮。

第二节"左右撇唇"。像第一节将双唇噘起来，然后用噘起来的双唇左右分别用力，如向右方向用噘唇的方式去够右耳朵的感觉，停顿1～2秒，找到一种唇部、面部的力量拉动感，然后回到原位，向左方向同理。利用"左右撇唇"的方式去带动面部肌肉的活跃性，让面部、唇部融合为整体，充分活跃面部肌肉群的积极性。左右交换为一组，10～15组为一轮，可循环2～3轮。

第三节"正反转唇"。正反转唇有一点的难度，就是将双唇如第一节噘起，从上开始然后沿着一个方向绕着牙齿转大圈，注意不是嘴唇自己转小圈，用转动的方式调动唇部的整体灵活度。我们发现这个动作由于个体差异，包括双唇控制能力的差异，很多人是转不了一圈的，也许只能转半圈儿或者小半圈，同时还伴有唇部的磕磕碰碰，所以这个动作就没办法完成了。基于此，我们可以先尝试做这个动作的"低配版"，就是用噘起来的唇部，分别往上、下、左、右四个方向去顶，也能达到"转唇"的基本目的和效果。还有一小部分人往上、下、左、右单独去做也会有一些困难，这个时候也可以用手帮着嘴唇上、下、左、右地运动，双唇的力量提升后就可以不用手帮忙了。上、下、左、右为一组，五组为一轮，可以循环3～5轮。

第四节"双唇打响"。双唇打响是双唇紧闭,微内收,然后瞬间将双唇喷弹开来,用口腔内外的气压差形成响声。这一节主要训练双唇及气息的喷弹能力。很多同学可能最开始打不响,大部分原因是嘴巴过于紧张,或者口腔内没有蓄气,或者缺少了唇部的喷弹过程等,需要在实践的过程中逐渐找到双唇喷弹的感觉。10～15个一组,可循环3～4组。

上述的组数、循环次数是一个大致的数量,实际训练的时候可以根据自己的实际情况以及训练目的,有重点、有针对性地调整训练。整体的原则就是不管哪一节一组(一轮)结束之后嘴唇要有微麻、微胀、微酸的感觉,然后可以休息20秒左右再进行第二轮。

24 口部操(舌部)训练的目标、方法及注意问题有哪些?

口部操当中舌的训练是另一项重要内容,舌头的灵活、自然、有力,有助于咬字清晰,在语音发声之中快速准确地形成不同的舌位,以及配合喷弹等。很多人说话不清楚,说话没力气,很可能就是舌头不灵活或是没有力量造成的,因而要有意识地加强舌头的综合训练。

第一节"左右顶舌"。"左右顶舌"也分为两部分,即向左顶舌和向右顶舌,两边除了方向不一样,其原理都是一样的,在这里以向左顶舌为例。首先调动起整个舌头的积极性,舌尖、舌面、舌根同时发力,用舌尖及舌面的前部顶住左腮,要注意舌尖和舌面要给左腮一个力,即不是用舌尖和舌面去贴着左腮,而是要给左腮一个顶的力;其次,用舌头顶左腮也不是一个单向的、个体的动作,而是一个舌头和腮部共同配合的动作,即腮部不是一个单一的受力体,而是当舌头给腮部一个力量的时候腮部也要给舌头一个力,从而形成一个作用力和反作用力的关系,也就是说这个力是相互的、共同产生的。同时形成平衡力的时候不要瞬间换成另一边,这个动作不能做得太快,要停留1秒左右的时间,让左右顶舌形成一种口腔内的平衡,从而集中训练舌部的力量,也有助于舌部的灵活和有力。于此,也要提醒的是,这对平衡力要给得恰当、适中,力量太小起不到舌头的训练作用,力量太大也能造成口腔、颞下颌关节的受损。左右为一组,一组 15～20 个,可以循环 3～4 组。

第二节"上下刮舌"。"上下刮舌"是一个对舌头整体放松的动作,将舌尖轻轻放在上下齿之间,然后给舌头一个向外延伸的力,让舌头能够缓缓地从口腔中突破牙齿的障碍后伸出来。所以,在舌头向外伸的过程中,舌头上面和下面都有牙齿刮到舌面(舌的上面感受更明显),从而让舌头整体有放松之感,从舌尖到舌根都能顾及,然后舌头伸到不能外伸的时候张开上下齿,舌头回缩至口腔内,如此一次刮舌动作就完成了。要注意的关键是上下齿之间与舌头的距离关系:上下齿之间的距离过大,摩擦太小就没有"刮"的感觉,而成了伸舌头;上下齿之间的距离太小,又会对舌头造成过大的摩擦力,让舌面感觉很痛,这也不合理。所以要根据个人的具体情况调整上下齿的位置关系,既能让舌头有"刮"的放松感和酸胀感,但又不会感觉到不舒服。"刮+缩"为一组,8～10 组为一轮,可以循环做 2～3 轮。

第三节"顺逆绕舌"。绕舌主要是训练舌头的灵活度,将舌尖、舌面放置唇齿之间,以舌根为动力沿着唇齿间绕动。其实这个动作整个舌头都在参与运动,但是舌根和舌面起到了主要的作用。在这里要强调两个问题:①舌头不能懒,要尽量在唇齿之间延伸,不要搭着唇齿边缘去做绕舌,尽量把舌头伸长一些,绕着上下唇齿间做大圈运动,这样效果会更好。②刚开始做的时候速度可以稍微慢一些,给舌头、唇齿、口腔一个充分的相互适应的时间和过程,然后随着动作的适应和熟练可以逐步增加绕舌的速度,一般是 5～8 圈舌头就会有明显的酸胀感,可以根据自己的实际情况,5～8 圈之后换成另一个方向绕圈,原理相同。5～8 圈为一组,顺时针绕圈+逆时针绕圈共 4 组左右比较合适。

第四节"舌头打响"。舌头上抬微卷与硬腭接触,以蓄气的方式形成内外的气压差,然后通过舌尖快速离开硬腭马上后缩的方式形成舌头在口腔内部的打响。舌头打响主要是训练舌头的灵活度和爆发力,增加舌头的主动性和积极性。最开始可以一个个匀速打响,适应和熟练之后可以连续进行舌头打响,10～12 个为一组,循环 2～4 组。

25 播音主持语音的常规练习与实际应用之间是什么关系？

练习普通话语音、发声等内容是播音主持专业学生的重要日常内容之一。对于语音层面的练习，往往在课堂上或者平时我们都特别强调单个音节、单个字或者单个词语的练习，尤其还十分注重单个字音的夸张练习法。但是在实际的语言表达应用之中却不会以单独的字词形式出现，而且也不会用这种"夸张"的方式说话，那为什么还要如此练习呢？一些同学一直没有理解语音发声的常规练习与实际应用之间到底是什么关系，只有了解了二者的关系之后，我们才能更好地抓住平时练习的重点，同时再应用于实际的表达之中。在我看来，日常练习与实际应用之间主要有三层关系。

第一，练习的时候更夸张，应用的时候更自然。往往在练习单个音节或者某一类音节的时候，我们都会主动地去强调唇形、舌头发力位置、舌头的动作变化、舌头与牙齿、齿龈之间的相互关系等，目的是让口腔内的发音器官更明显、更准确地找准不同类型音节的发音位置和发音特征。口腔内的发音器官其实在发不同音节的时候虽然是存在变化的，但是这种变化如果不细心体会和感受，有一些还是比较难以区分。因而，在日常训练的过程中，我们通过"夸张"的练习手法，故意放大在不同音节发音过程中唇、齿、舌、腭的位置关系和动作变化，目的就是要努力在这种"被放大"之中去体会其中的细小变化，从而对不同音节的发音有一个更为客观和直观的认识。当我们通过"夸张"的手法找到了这种语音发音特性的时候，我们在实际应用的过程中才能在快速的发音器官位置转换之间找准发音的要领。

第二，单个练习的时候更注重标准，整体应用的时候更注重流畅与达意。在专门练习语音的过程中，我们几乎是把所有的注意力和专注力都放到了发音的层面，更多的是关注发音是否标准、发音是否完整、归音是否到位等诸多细节问题，此时音节、字词等都是相对独立的内容，所以我们几乎很少去关注字词本身的意思、情绪、态度。而在实际的应用之中，字词不再是孤立的，而是被放置到了具体的表达语境、表达态度、表达目的之中了。所以，这个时候我们就要在整体规范的情况下更注重表达的目标，把我要说什么、我要传达什么、我如何传达得更好放在表达的侧重点上，而不能再停留在语音本身的问题之上了。任何的表达都是为了传情达意而服务的，脱离了具体的表达目标，片面地追求语音表达的准确性，就犯了本末倒置的错误。

　　第三，练习的时候音调更高，应用的时候更平和。尤其是在音调的练习过程中，我们一直强调要饱满、到位，单个音节、词语练习的时候我们也常会用相对夸张的方式完成，夸张就意味着音调要比日常说话高一些，目的就是感受不同音调之间的变化、转换、承接，有一种明显的区分度。而在实际的运用过程中，就不需要把音调故意拔高了，而是要配合整体表达，让整体的语音呈现更积极，但是也要兼具平和、交流、沟通的语言表达的本质。

二 发声篇

26 "提颧肌"常见的误区有哪些？

"颧肌"是人的面部肌肉之一，位于鼻翼两侧2～3指的位置，"颧肌"的提收能够改变整个面部的肌肉走向，从原本的面部整体肌肉的下展、静止变为面部整体肌肉的明显上提。播音主持中的"提颧肌"有几个重要作用。首先它能够带动嘴角两侧微微上扬，使人呈现出微笑的表情（或称之为积极的状态），从身体的物理性上使得语言表达更主动、更积极。其次，"提颧肌"不是一个个体的动作过程，"提颧肌"其实是以"颧肌"为主体让整个面部有一个整体向上的延伸趋势，让整个面部一直处于灵活的以及能够被控制的状态，从而促使整个说话的感觉是积极的、向上的。但是在"提颧肌"的学习和运用过程中初学者也常会出现一些认识上的误区。

第一个误区，"提颧肌"就是"提笑肌"。有人说播音主持中的"提颧肌"就是要笑着说话，这是错误的说法。在这里要明确"颧肌"与"笑肌"不是同一块肌肉，同时微笑是向横着方向"咧开"，而"提颧肌"是向斜上方方向延展，因此不能将二者混为一谈。此外，播音主持的过程中也不是什么场合、什么内容都能笑的，有一些庄严、肃穆、沉痛的稿件，如果仍简单地用"提笑肌"代替"提颧肌"，一味地笑着说话，那肯定是不合适的。在实际的应用之中，我们可以通过微笑的方式找到"提颧肌"的面部肌肉感觉，然后再逐步地去感受和摸索提颧肌的位置和状态。

第二个误区，"提颧肌"就是一直"提着"这块肌肉说话。"提颧肌"中的"提"我们不能简单地理解为"提着不放"，如若按此理解，其实对于"颧肌"的控制就是僵硬的。在这里我们可以把"提"理解为一种对颧肌"积极的控制"，理解为是这块肌肉的"拮抗"，即肌肉间的"微对抗""微控制"的相互作用。按此理解，"提颧肌"就不是一直提着不放了，而是根据实际说话的需要，它的角度、方向、力度等都是有变化的，同时这种变化是有助于我们表达的，是配合具体说话需求的，从而找到一种说话状态的控制感和积极性。

第三个误区,只要"提颧肌"就能使得说话更积极。"提颧肌"的过程可以说是带动了整个面部肌肉的积极性和活跃程度,它在一定程度上确实可以使得我们说话变得更主动、更积极。但同时所谓的说话的"积极性"又不是由"提颧肌"一个要素决定的,说话是一个综合性且相互配合的过程,"提颧肌"只是能够使得说话更积极的方式和技巧之一,而不是促使说话积极的唯一因素。只用"提颧肌"的方式让表达更积极,其实是缺少表达的身体物理特性的内在支撑的,它还需要与其他发音器官的密切配合与协作。同时,也要注意的是外在表现技巧永远不要被孤立使用,所有凌驾于语境、内容、目的、意义之上的技巧都是"纸老虎"。因而说,只有在理解表达文本的内容、思想、语意的基础之上再将内在的情绪状态与外在的多种表达技巧融合使用,才会使得说话积极、自然和贴切,这是一个内外相互统一的过程。

27 "打牙关"的三个准则是什么?

口腔控制的第二个准则"打牙关",即"打开牙关"。"牙关"其实就是我们通常所说的"后槽牙",它在一定程度上有助于口腔开合,"打开牙关"就是在吐字的过程中适度地打开后槽牙上下之间的距离,让上槽牙和下槽牙之间留有一定的空隙,即打开口腔的后部空间。后槽牙的开合影响着整个口腔内部的前后、上下的空间,后槽牙的打开也有助于形成共鸣以及给唇舌提供足够的活动空间。如果牙关紧闭或者打开的幅度太小,就会有一种说话张不开嘴的感觉,从而显现出说话不积极,说话含糊不清,有时候还会有一种咬牙切齿以及说话态度不屑的感觉,因而要有意识地注意这些问题。"打牙关"也要注意一些问题,我们称之为"三个准则"。

第一,位置准确、大小适中。位置准确就是不要把"打牙关"和"张大嘴"相互混淆,牙关在口腔的后部,主要是将口腔的后部空间进一步扩充,而不是口腔的前部。其次,大小适中是"打开牙关"也不能把后槽牙上下的距离打开得太大,缝隙太大就会使得口腔后部肌肉变得僵硬,缺少了必要的说话的灵活、弹性和表现力。一般就是不要让后槽牙上下触碰,保持一个自然、舒服的缝隙,就好像后槽牙轻轻咬着一颗"软糯"的糖果一样。

第二,张弛有度、保持弹性。"打牙关"最重要的目的是运用牙关打开后的张弛、收合、变化,让牙关的空间能够随着实际吐字的需要而有所变化。所以"打牙关"之后上下后槽牙不是位置不动的,不是固定的,而是需要保持充分的主动性、积极性、灵活性、适应性,主动地去配合吐字的方式和力度。后槽牙整体的感觉像是咬着一颗橡皮糖或是小弹簧,它能够在现有的基础之上收放自如、张弛有度、变化多样。与此同时,它也应该是放松的、轻盈的,从而发挥它配合吐字的功能。

第三,力度分配、上主下辅。"打牙关"即打开上下后槽牙,其实并不是让上下后槽牙"平均"发力的,而是"打牙关"的动作和过程中上槽牙更为主动、幅度更大、变化更明显,下槽牙主要是起到固定和配合上槽牙的作用。因而这里常犯两个错误:①上下槽牙平均用力,使得内部、后部力量涣散。②通过"掉下巴"的方式打开后槽牙(下槽牙变为主动的一方了,这种方式还带动了下巴的过于紧张和用力)。所以要树立一种上槽牙的主动性意识,可以想象"啃苹果"的过程,下部抵住苹果,让上槽牙主动发力,从而实现牙关开合间配合的协调性。

28 "挺软腭"要注意的五个问题是什么?

软腭位于口腔上壁(俗称"上口盖")的后 1/3,是连接硬腭与小舌之间的部分,通常用舌尖向上舔,能够触碰到"上口盖"的硬腭以及软、硬腭的交界之处,所以交界处之后就是软腭的部分了。同时我们用"半打哈欠"的方式,在"半打哈欠"的过程中,能够明显地感受到口腔内部空间的变化,"上口盖"带动着软腭上移,这个方法能够非常明显地感受到软腭的位置。那何谓"挺软腭"呢？"挺软腭"就是让软腭在我们的主观控制下适当地挺起，保持一定的控制感。"挺软腭"的主要目的是扩大口腔中部、中后部的上下空间，让口腔内部的咬字器官的活动区域从一个"扁"的空间，扩展到较为舒展的"立体空间"，让唇、齿、舌能够运动得更为灵活。同时口腔容积的变大也一定程度上能够增强口腔共鸣，让声音的力量更集中，共鸣更和谐，也更具感染力。

在这里要强调几点"挺软腭"的常见问题和注意事项。

第一，"刻意练习"增强软腭适应性和习惯性。说话过程中"挺软腭"这一环节的增加其实在一定程度上改变了我们原有的说话方式，以前是"开口就说"也没有任何顾虑，现在等于在说话之前多了一个前置的"环节"。因而很多初学者还不习惯这种方式，总是会忘，所以在前期训练时要学会用"刻意练习"的方式，增强口腔控制的习惯性。即在每一次开口说话之前都要特别提醒自己"挺软腭"的这一环节，练多了才会形成口腔内部的肌肉记忆，直至成为一种自身的说话习惯，有的时候明白理论和形成习惯之间还是需要一定时间磨合。

第二，软腭不能挺得太高。上述已经说是"适当"地挺起软腭，所谓"适当"就是一定要有一个上挺的"分寸"意识。过犹不及，挺得太小感受不到上挺的效果，挺得太高又会使得声音僵硬、不灵活，也会使口腔内的重心后移，造成说话压喉咙、太刻意、不自然的感觉。所以这个"分寸"就一定是一个舒适的、恰当的高度和力量，自己能够感觉到上挺，口腔内整体空间变大即可。这个"分寸"需要自己不断地尝试、摸索和练习，找到一个适合自己的最佳位置。

第三，不能挺得太僵。上述说"挺软腭"不能太高，同时"挺软腭"也不能太用力，过于用力就会使得软腭处于僵硬的状态，软腭如果用力过大导致僵硬，就直接影响了说话的效果。用力过大会失去软腭在口腔控制中的弹性，失去了弹性就意味着缺少了必要的通过口腔控制所形成的不同的声音色彩和声音层次，因而力量要轻盈，让软腭能够较为自由地配合口腔的其他器官，从而完成口腔的整体控制。

第四，不能挺错位置。口腔内部舌头上方包含软腭和硬腭，与上齿龈相连的延伸至上壁中部的是硬腭，再向后基本处于上壁后1/3位置的是软硬腭的交界处,再向后才是软腭。所谓的挺错位置包含两种情况:①对口腔内部不够敏感,错误地将硬腭当成软腭,所以整个口腔内部就变成了硬腭上挺、软腭下塌,口腔前部极其紧张,说话较为紧绷和不自然。②将软腭、硬腭一起挺起来了,这种方式的问题在于给了口腔上部太大的力量,反而过犹不及,使得口腔上下的用力出现不平衡,同样影响吐字的灵活性和发声的圆润与美感。

第五,注意"挺软腭"的"连贯性"。说话一开始,"挺软腭"是会特别注意的,但是有时候我们在说话的过程中需要照顾到的层面比较多,如外在的镜头、眼神、声音,内在的内容、情绪、节奏等,说着说着就容易顾此失彼而忘了"挺软腭"这件事了,所以口腔状态就会变弱。因而刚开始训练的时候就要有意识地训练"挺软腭"说话的感觉,然后再逐步地训练形成内在的说话方式,成为一种"开口即有""持续连贯"的表达习惯。

29 "松下巴"的作用和常见错误是什么?

"松下巴"是"提、打、挺、松"的最后一个要领,也有人称之为"第四个环节",其实称之为"第四个环节"是不准确的。"提、打、挺、松"四个要领是打开口腔的四个层面,它们都有各自的功能和作用,都肩负着各自的责任和义务。"提、打、挺、松"四个层面既是相互独立的,同时更应该是一个相互连贯、一气呵成的整体,因而就没有谁更重要、谁次重要、谁不重要的问题,故而也就没有谁先谁后的问题,应该将它们视为一个综合的、有机的、连续的、连贯的整体,它们同时发生,相互作用。

也有很多人对"提、打、挺"这三种带有明显力量控制趋势的层面更为重视,因为它们需要一个合适的力让这些要领能达到各自的效果,从而完成发声的最佳状态。然而,对"松"即放松的这个环节却不够重视,很多人甚至直接忽视了,觉得"放松"下巴没那么重要,或觉得我的下巴本来就很放松,所以也就造成了一定的口腔状态不佳的情况。那为什么要强调"松下巴"呢？因为说话的过程中如果下巴紧张、总用力，吐字就会过于笨拙生硬、棱角太分明，不够圆润和自如。而下巴放松可以帮助我们吐字更加轻松和灵活。我们大致总结了一下，造成下巴紧张主要有以下几个原因。

第一，下巴上扬。如果下巴向上抬起的话，会出现两个问题：①正如我们之前所说的，从口腔到小腹宛若一根通畅的管子，下巴一旦抬起了，其实就等于给这根管子在口腔、喉咙、脖子这些地方掐断了，包括整个小腹、整个胸腔其实都用不上力了。②下巴上抬会造成声带紧张。下巴离声带的距离比较近，如果下巴因为上抬而紧张的话自然会影响声带，将发声的重心都放在了声带本身上，持续的说话会造成声带充血，声音自然会偏紧、不放松，也会不持久，说话自然就比较吃力。因此，放松下巴第一点就是下巴不能向上抬起，头部要保持平视的角度，甚至有些时候下巴还可以微微地内收一点，让下巴得到充分的放松。当然了，下巴"往回收"绝不是低头的意思，而是有意识地让下巴内收，让下巴处于放松的、自然的日常状态。

第二，下巴过度参与说话。下巴过度参与说话，会给人说话时咬牙切齿的感觉。因而下巴（俗称"下口盖"）要适度地放松才能达到比较协调地说话的状态，这就要求我们不要向下扯下巴，要用嘴角去找向上的感觉。在实际的说话过程当中，其实"上口盖"和"下口盖"用力的大小也是不一样的，"下口盖"指的下巴这个部位，"上口盖"就是我们的硬腭、软腭，包括唇这个部位。整个说话的过程是一个"上口盖"带动"下口盖"的运动，在口腔运动中"上口盖"是要处于一个主动的积极角色，它应该是带着"下口盖"去完成口腔的一系列运动。我们想象一种感觉，就像咬苹果一样，要啃一个苹果，"上口盖"要主动地出击，"下口盖"更多起到了一个固定的作用。针对这一问题可以通过练习用手固定下巴，用抬头代替张嘴的方式理解这种感觉。固定住下巴，就意味着不要"上下口盖"一起用力张口，而是用"上口盖"张口，找到"上口盖"着力的感觉（即"上口盖"的发力感）。

30 口腔控制中"提、打、挺、松"运用的四种意识是什么？

加强口腔控制的四个方法（提、打、挺、松），很多人更多的是从知识性和技术性层面去认识和理解，其实在运用的整个过程中，我们还要主动地加强一种能动意识。这种能动意识的深化和再强调，更多的是对工具理性的人文化理解，一方面是不能将工具摆在首要位置，另一方面又要清楚地明白二者之间的内在和外在的关系，这也是促使我们后续更为深入掌握和熟练运用的思想基础。

第一，服务意识。"提、打、挺、松"的综合运用都是要为更好的口腔控制和吐字发声而服务的，而不是为了展示我掌握了某种说话的技法，以此要去积极地向受众表现，从而去凸显技术在表达中的作用。既然是服务的角色，那技术性的内容一定是处于吐字发声、语言表达的中景区或是背景区，它们要成为一种有力的理论支撑和实践指导。所以，我们在实际学习以及运用的过程中要有意识地弱化它们"前景区"的展示性，而要去强化它们中景区的技术服务性。

第二，协同意识。"提、打、挺、松"四个层面的内容既彼此独立又相互配合。彼此独立是它们分别控制了面部及口腔的不同部位，从而完成它们各自的任务和功能。如"提颧肌""挺软腭"是纵向的肌肉动作（或称趋势），同时它们扩充了口腔的上下空间；"打牙关""松下巴"是纵向的器官动作（或称趋势），它们延展了口腔上下、前后的立体空间；同时"提颧肌""松下巴"又是口腔外部的动作（或称趋势），它们提供了一种外在的说话过程中"上紧下松"的身体基础；"打牙关""挺软腭"是口腔内部的动作（或称趋势），二者改变了口腔的容积，同时也有意识地改变了说话的路线。所以我们看到口腔控制的四个层面各有功用。虽为口腔控制的四个层面，但是一定要有一种大局意识、整体意识和联动意识，将它们融为一个有机的、连贯性的整体，才能呈现出它们相互作用后最好的口腔控制效果。

第三，自然意识。初学阶段可以适当地夸张练习，以增强敏感度和便于理解，但是技术性的最终目标一定是"合一"。所谓"合一"是要与表达的内容浑然天成、相依相伴，而不是技术脱离内容，或者内容屈服于技术。自然、灵活、巧妙地运用才能用得自然，让受众听着舒服。这也类似于化妆原理，化妆的最高境界一定不是把人化成大粗眉毛、烈火红唇、蓝眼影、绿腮红，从而告诉别人我化妆了。化妆的最高境界一定是化了妆，显得很漂亮，但是别人好像又看不出来你化了妆，给人一种若隐若现、若即若离的视觉美感，之所以这种妆容好看、高级，一定是以贴切、自然、舒服、相互融合的"合一"为准则。吐字发声的技巧亦是如此，不是非要让别人看出来你用了技巧，而是要自然、巧妙、高明地将技巧融于内容之中。

第四，习惯意识。口腔控制中"提、打、挺、松"四个要领的综合运用，其实是改变了我们原有的说话习惯和说话次序，以前我们确实是张嘴就说，没有任何的准备工作。而"提、打、挺、松"的介入其实是给我们说话增加了一系列的前置程序，说话之前还要想一想面部要怎么样，口腔要怎么样，有的时候会记得调动这些肌肉，有的时候就会不由自主地忘记，从而增加了我们说话的心理和身体的双重负担。这时候我们确实可以通过"刻意练习"的方式增强肌肉记忆，每一次说话都有意识地提醒自己，反复打磨直至一开口说话口腔、面部就会有肌肉反应，充分形成"自动化"，即"几乎不需要意识来控制"。在这里我们还要强调的是不能把技巧当作每次说话的心理负担，要成为一种不自觉的说话习惯，要让它们为吐字发声、为语言表达服务，而不能让它们来限制和制约我们说话，这就要我们通过长时间练习形成较为熟练的肌肉"自动化"。

31 口腔控制中"提、打、挺、松"四者之间是什么关系？

口腔控制中的"提、打、挺、松"应该是一个相互协同、相互补充、相互延伸、相互配合的过程，四个层面在口腔控制中的任务和功能不同，但是整体目标是相互一致的，具体关系体现在以下三个方面。

第一，目标性。目标性就是"提、打、挺、松"都是为更好的口腔控制、口腔状态和吐字发声服务的，整体的目标是扩大口腔内部容积，提升唇、齿、舌、腭等发声器官的参与度，提升口腔发声状态的活跃度，形成面部肌肉的积极性，从而使得在播音主持的过程中声音力量集中，吐字圆润饱满。它们四者共同构成了一个相对理想的口腔环境和口腔空间，有了它们的相互配合才能形成口腔内部的"上提下松、前紧后松、前有力、后撑开"的良好的有助于吐字发声的口腔状态。

第二，共时性。"提、打、挺、松"是一个整体的共时性"联动"状态，即四个层面的内容是连贯的、有机的、自然的、浑然天成的。在刚刚接触时我们是允许将"提、打、挺、松"分为四个步骤，分别作用于面部和发声器官的，这样做的目的是让我们首先能够去感受、适应、理解这四个基本动作的特征和要领，从而对每一个层面的内容进行纠正和强化，以达到"提、打、挺、松"每一项内容都能做到标准、熟练和自如。但是当我们掌握了它的基本方法之后，"提、打、挺、松"四个环节就不能再被割裂了，就是不能在说话之前还要专门去想，我们开口说话的第一步要先提颧肌，第二步要再去打牙关，第三步是什么等。当我们熟练掌握之后，"提、打、挺、松"四个步骤应该是共时、同步进行的，即要在最短的时间或在一瞬间就完成"提、打、挺、松"的全部步骤与面部的肌肉控制，从而高效、干净利落地进行表达。

第三，角色性。"提、打、挺、松"四个层面分别扮演着口腔控制的不同角色，它们都是从各自的职责去完成口腔的控制任务，都有着独特且不可替代的作用。因而说"提、打、挺、松"四个层面的内容只是分工不同，没有谁比谁更重要。单独的任何一个或者两个层面都无法达到最佳的口腔控制效果，只有将它们视作一个统一的连贯的整体，分别发挥它们各自优势的时候，口腔控制才能达到最佳的状态。

32 播音主持表达中口腔的"着力点"在哪里？

口腔是吐字发声的主要阵地，口腔内的发声器官通过不同方式、不同位置、不同力度的接触形成不同的音节。同时我们在原有口腔的基础之上又通过"提、打、挺、松"等方式延展以及扩容了口腔的空间，从而形成更为高质且具审美的发声。口腔内的空间通过我们对发声器官的有力控制得以改变，横向、纵向空间变大了，因而我们发声器官可以活动的区域也就增大了。从原有的"扁平空间"扩容到"立体空间"，口腔内部的空间就有了上、下、左、右、前、后的区分。那么用口腔内部不同的位置发音发声是不是效果都一样呢？或者说不同的口腔内部位置的发音发声各有什么特点？在我们的语言表达中，口腔的"着力点"又是什么呢？用什么样的口腔内部位置才是我们说话最省力、最舒服、最自然的呢？

这里我们借用数学学科中的象限思维，将人的口腔侧位图进行象限分割，把口腔内的空间区域大体划分为四个象限（图 2-1），即"前上象限、后上

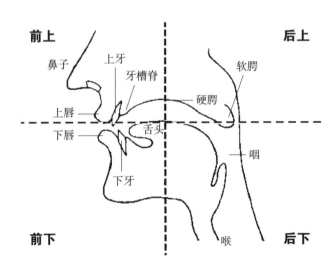

图 2-1 口腔侧位的四象限分割图

象限、后下象限、前下象限"。通过这个四象限分割图,我们也非常明确地回答了上述问题,即口腔内部不同位置的发音发声是不一样的。我们通过口腔侧位的四象限分割图的图示可以明显看到,利用不同位置说话,着力点是不同的,着力点不同就意味着它们的声音形成各有着力的"主体器官",因而是不一样的,下面我们分别进行阐释。

第一,后上象限。当我们将口腔内的着力点放到后上位置的时候,着力的主体肌肉就是软腭与小舌头的交汇处,因为着力点过于靠后,就会导致在说话的过程中,口腔内后上的肌肉群对软腭前部、舌头的根部、嘴唇的内侧有一种明显的向后拉扯感,声音的特征是闷暗且没有弹性的。这个过程中会出现两个问题:①口腔的中部几乎是用不上力气的,或称肌肉群是失去控制的状态。②口腔内的前、中、后的部位是被割裂的,没能形成一个相互配合的完整的发声综合体,不利于整体发声。

第二,后下象限。当我们将口腔内的着力点放到后下象限位置的时候,着力的主体肌肉就是喉部(声带附近)处。当给喉部过多的压力之后,就会有一种说话"压喉"的感觉,虽然短时间听上去声音浑厚、深沉,有时候还觉得挺有磁性,有一种低音炮的感觉,但是将着力点过多地置于喉部之后就很容易造成喉部(声带)充血,影响音质,长期如此还会引发喉部疲劳和炎症。着力点放在喉部会出现几个问题:①声音过于单调,很难有丰富多样的声音表现形式。②违背了说话过程中的气息主体走向。我们不难发现,将着力点放在后下象限的时候,整个说话过程的力量、气息是往下走的,和我们正常说话的生理规律正好是相反的,因而也不合理。

第三,前下象限。当我们将口腔内的着力点放到前下象限位置的时候,着力的主体位置就是下巴。下巴成为着力点就会失去口腔内部空间的作用,从而导致上唇下坠,呈现出说话有"铲字"的感觉,说话说不清,也没有共鸣和吐字的过程了,因而,同样是不合理的。

第四,前上象限。当我们将口腔内的着力点放到前上位置的时候,着力的主体位置就是软硬腭交界处及软硬腭交界处的下方,此时口腔内的各个发声器官都能处于相对平衡和较为放松的状态。前上象限区域的着力更利于声挂前腭,利于声音吐出来的路线和状态,这个时候的着力点最省力、最舒服,最适合播音状态。当然也要注意,前上象限其实指的更多的是前上以及前上偏中间的位置,这样口腔内部控制才能更灵活,各个发声器官才能相对放松,从而形成最佳的吐字发声的着力点和内部空间状态。

33 什么是"枣核形"的吐字归音?

所谓的"枣核形"吐字归音是一个类比的说法,传统的曲艺以及播音主持的有声语言表达之中,习惯性地把字分为三个部分,如韵头、韵腹、韵尾,或者字头、字腹、字尾,再或者称之为出字、立字、归音三个部分。上述几种叫法都是从各自的角度给吐字的过程进行了一个轮廓上的层次划分,虽然它们名称上有所差异,但是吐字归音的本质却是极为相似的,即吐字是分为不同的部分、阶段的,而且不同的部分、阶段的目标、功能、效果也不同。因而不同阶段的用力、时长、口腔开合度就会有细微的变化,从而通过三个不同阶段的连贯性处理让吐字能够有力、饱满、圆润、自然。所谓的"枣核形"的吐字归音其实就是通过口腔的控制让字音在开头、中间、结尾处有所变化,它变化的整体趋势如果能够勾勒出来的话就与枣核的外形极为相似,即两头窄,中间宽,因此将其称为"枣核形"的吐字归音。

"枣核形"的吐字归音要在前、中、后三个方面予以重视。

第一,字头,即出字阶段。这一部分的整体原则是"字头有力、叼住弹出"。字头一般指的是声母(当然也有少部分字是没有声母的,但一定会有字头的起始音)。字头的吐字特征就是一定要干脆有力,不能软绵绵,不能一张嘴字音就塌下来了,字头若没有力量也会使得后面的字腹(韵母)软塌。第二层面是叼住弹出,叼住的意思就是虽然字头要有力,但是这个力量也不是越大越好,而应该是找到一种巧劲儿。我们经常举例,这个"巧劲儿"如同大老虎叼着小老虎跳跃山谷,如果叼着的劲儿大了就会伤害或者咬死小老虎,如果劲儿小了,跳跃的过程中可能小老虎还会从嘴里脱落掉入山崖,所以"叼"

字的实质就是力量要恰到好处。弹出指的是字头一定要干净利落,要有喷弹的力量感,从而也带动字腹的自然滑出。

第二,字腹,即立字阶段。这一部分的整体原则是"字腹饱满、拉开立起"。字腹指的是拼音中的韵母(一个拼音中可能会没有声母,但是一定不会缺少韵母),字腹的吐字特征是饱满、集中、圆润,字腹如果没有发好就会使得整个吐字干瘪、不清晰,所以字腹在音节的时长、力量、开合度上都是最大的。字腹要在口腔中纵向地拉开,找到一种口腔的"咬合感",以此来扩大它上下的延伸性,持续时间也要比字头稍长。要注意的一点是字腹要在口腔中"立"起来,那口腔就是要上下变化,而不是横向地咧嘴,咧嘴是横向的不利于字腹的拉开和立起,也无法形成饱满的字腹。尤其是说话比较"扁"的同学,一定要多去体会字腹的拉开过程。

第三,字尾,即归音阶段。这一部分的整体原则是"字尾归音、弱收到位"。字尾其实是和字头相互对应的,字头是"放",字尾是"收",有收有放才能达到吐字的内外平衡。字尾归音的特征是弱收,即从字腹到字尾结束应该是顺滑、流畅、浑然天成的,不能给人一种刻意、生硬的感觉。所以这里强调的是"弱收",在字尾结束的时候吸气,发声的部位不能完全地放出去,这样会给人感觉尾巴散掉了,所以在心理和唇齿之间要有一种把气息和唇齿舒缓地收回来的趋势,给字尾一种落地感和结尾感,这样的吐字听起来才更完整,也更饱满。

34 播音主持对呼吸的整体性要求是什么?

呼吸是播音主持当中非常重要的一部分内容,播音主持当中的发音、吐字都离不开呼吸,可以说呼吸是说话的内在、隐藏的动力来源。但是也有一部分人认为呼吸是正常的人体生理需要,是一种自然的常态化过程,而且呼吸也并未直接参与说话的过程,因而不注重呼吸环节,这是错误的想法。呼吸虽然表面上看没有声带、口腔那样直接参与有声语言的表达，但是仔细观察会发现，其实呼吸是声带、口腔进行言语加工的前提和基础。如果没有合适的呼吸作为声音的力量来源，声带和口腔就缺少了必要的进行加工声音的原料，可谓"巧妇难为无米之炊"。因而，我们看到呼吸的气息量、持久度、深浅、缓急都在一定程度上影响着有声语言的加工和生产，因此一定要重视播音主持中的呼吸过程。那么，播音主持工作对呼吸的整体性要求都有哪些呢？

第一，呼吸稳劲。第一层面的要求"呼吸稳劲"，我们可以理解为呼吸稳定且有力量。首先，"稳定"，如上文所述呼吸的质量其实很大程度上决定了吐字发声的质量，稳定的气息能够让声音变得清晰、饱满、有力度，语流更加顺畅和连贯。如果气息不稳定那经过加工的声音也一定是不稳定的，还会出现身体的呼吸和发力重心上移（胸腹式联合呼吸可能会因为气息的不稳定而变成胸式呼吸）、声音颤抖、上气不接下气、声音断断续续、表达不流畅等问题。"有力"就是呼吸需要给吐字发声提供具有一定力量的加工原料，播音主持中语态的转变、对象的转变有时会带来音量、力度等层面的变化，这就需要呼吸提供有力量的物质基础以此来完成多层次的语言表达。

第二，呼吸持久。日常呼吸是一种自然而然、不需要刻意而为之的呼吸过程，用这种日常的呼吸也能够满足生活中的口语交流，因为我们对日常口语交流在方式、构成、美感上是没有太高要求的，能说清楚且对方能听明白，其实就已经完成了日常表达的目的。但是播音主持作为一种面向大众的有声语言传播方式，不论是新闻、综艺还是少儿等节目类型，因为要面对的是广大受众，所以在自然的前提下，播音员、主持人的语言表达其实内容上还是相对严谨和规范的，这种言语组织的规范性可能就显现出长句较多，需要连续表达的内容多，需要表达出的情感内容更丰富等特征，而这些层面的表达需求恰恰需要持久的呼吸作为背后的可持续力量支撑。如果气息太短，在表达的时候会呈现出一种心有余而力不足的感觉，就是一个完整的句子由于气息不够而表达"碎了"，一个完整的语意因为气息不足而被切割分段了，一个流畅的表达链条因为气息跟不上而被迫中断了，从而影响整个播音主持的效果。所以我们日常练声的时候也会用很多方法训练气息的持久性和力量，如快吸慢呼等。

第三,变化自如。笔者所理解的变化自如就是呼吸可控且富于变化,就是呼吸在长期的训练之后要成为一种自然而然的习惯,同时自己也能感觉到根据内容的需要,呼吸的大小、快慢、深浅等自己是可以进行调控的,有了这种控制,声音才具有了多样层次的变化,也才具有了有声语言创作的美感和意义。创作的过程中依据内容和表达目的在稳定、持久的基础之上转换呼吸的方式,如前文提到的可以根据需要利用胸式呼吸、腹式呼吸、胸腹联合式呼吸等给予其深浅、力量、层次、轻重等变化,以此让呼吸去适应不同的内容,让呼吸紧贴着内容的呈现。因而说这种灵活的、多样的、富于变化的呼吸就成为播音主持创作的重要基础。

35 "胸腹联合式呼吸法"的必要性和动作要领是什么?

呼吸的方法与类型主要有几大类:胸式呼吸、腹式呼吸、胸腹联合式呼吸。它们的呼吸方式、位置、气息量、效果都有很大的不同。单独的胸式呼吸,特征为吸气气流量少,强度变化小,难以控制;单独的腹式呼吸,特征为吸气时腹部明显凸起,吸入和呼出的气流量均较多。这两者都有一定的不足且都没有调动胸、腹、口腔之间的联动关系。

播音主持对呼吸是有比较高的要求,因为不管是有稿播音,还是无稿主持,主持人都要面对长时间的、持续性的语言输出,而语言的内驱力就是气息,气息带动着声音的吐字发声,才能使得声音持久且自如。因而我们在播音主持的过程中对气息的整体要求是稳定、持久和自如。稳定是气息的呼与吸要保持力量的平衡、统一,从而使得气息带动声音的过程中稳中有力,否则气息忽高忽低、忽慢忽快就会导致声音的表现不稳定。持久是气息的运用要"开源节流",尽可能平稳地去完成更多的内容,保持足够的动力。自如就是气息也要依据表达语境、内容、情绪的变化而有所调整,以此适应不同的表达状态。在这个过程中"胸腹联合式呼吸"就能较好地满足气息的整体需要。具体来说,胸腹联合式呼吸的要领包含以下几个层面。

第一,身心放松。不管是站姿还是坐姿,要先保证身体是放松的,尤其是肩颈、脖子不能太过于紧张,否则会影响身体的整体控制。

第二,口鼻同时进气。身心放松之后,口鼻同时进气,目的是加快气息的吸入速度。这里可以分享一个小方法,当我们口鼻同时进气的时候,要找到一种"感觉",即气息不是从口鼻进入,而是从后腰进入,然后沿着脊柱充盈了整个身体,吸气的过程中会逐渐感觉到身体变得挺拔起来,腰腹的感觉是略微紧绷,有一种支撑感,胸背部的感觉是吸开后背,好似"大鹏展翅"的上胸舒展感觉。同时也要提醒,吸气不要吸到十分满,七八分左右是最佳的,吸得太少气息不够用,吸得太多了会使得用气过于笨拙。

第三,两肋扩张。两肋扩张是腹部"左右方向"的空间变化,吸气的过程中,双手可以轻轻摸着自己两肋(小腹两侧),去感受在吸气的过程中两肋的缓缓扩张。在这里还要强调,两肋的吸气应该呈现为一个平滑的变化过程,而不应该带有"颗粒感"(颗粒感:两肋不是缓缓扩张的,而是一顿一顿扩张的),有"颗粒感"就说明吸入气息的时候身体控制是不稳定的,需要加强训练。

第四,小腹微胀。小腹微胀是腹部"前后方向"的空间变化,吸气的过程中,小腹会轻轻隆起,但是也不能隆起得过大,要找到一个合适的分寸。

第五,膈肌下降。膈肌下降是胸腹"上下方向"的空间变化,"膈肌下降"相对于小腹、两肋这种能够摸到、看到的变化而言,它是有一点抽象,只能努力地想象和找到这种身体的感觉。膈肌的位置在小腹脐下 2~3 指的位置,是一个横向的肌肉,吸气的过程中其实就要找到脐下的位置,有一种向下的延展力,从而使得腰腹有一种控制感,以此达到上下空间的平衡。

"胸腹联合式呼吸法"的几个动作要领不是分割的,也不分主次和先后顺序,而是同时参与、共同完成一个呼吸的整体身体控制,需要我们在熟练掌握之后,在每一次开口说话之前瞬间完成这一系列的呼吸动作要领。

36 播音主持中常用的四种"换气"方式是什么？

日常表达中"换气"是一种自然的不需要特别关注的呼吸方式,它会随着生理需要形成一种自主的呼与吸的连贯性动作。对于这种日常生理需求的呼吸一般没有特别强调和其他额外的要求,但是在播音主持中面对不同的语境、受众、题材、内容、修辞的表达时,我们要去主动适应并有意识地加强和控制自我呼吸的方式,这种有"控制"的呼吸方式一定程度上打破了原有习惯性的日常呼吸,常常要为了更好地适应表达而对呼吸做一定的策略性调整。

"换气"一般是在句子中的几个位置:句前换气无声且饱满;句中换气少量补充;句间换气自然连贯;句尾气息留有余地。所以,依据上述规则,我们"换气"通常有四种常用的方法。

第一,正常换气。在我们将文字稿转化为有声语言的过程中,一方面较为简单的文稿可以按照标点符号的基本特性进行正常换气,完成一种连贯的语意表达。另一方面,将文字稿转换为有声语言,其实在一定程度上打破了文字稿标点符号的文本约束,在形式转化的过程中有时为了语意更加完整、情感更加贴合、内容更加有递进性,我们会从"语意"层面重新将内容进行整合。这就意味着突破了"逗号""句号""感叹号"的限制,有的地方有标点不停顿,有的地方没有标点反而要停顿换气,依据内容重新确定"气口",从而让语意更加清晰、准确、明朗,更具可视听性。

第二,偷气。在面对很多长句、难句时,它一个层面的主、谓、宾、定、状、补等各种成分修饰性、说明性的内容比较多,可能一口气很难顺畅地表达清楚或者表达得体,但是这时候又不能随意断句,因为随意断句可能会破坏长句子的整体脉络和意思。所以在面对这种情况的时候,我们用"偷气"的方式加以处理。所谓"偷气"就是偷偷地换气,调整呼吸,既然是偷偷地换气就不能表现得过于明显,所以这个"偷"就带有了一定技巧性,巧妙地在长句子中间以"技巧"和"换气"同时进行的方式进行补气。如常用的有 1/3 或 2/3 拍的停顿、重音、连读等,用这种方式给换气一个支点,以灵活的技巧"掩人耳目"地完成句子间的"补气",使得表达更为完整和顺畅。

第三,抢气。"抢气"与"偷气"相比,它不仅不用"隐藏"的方式换气,反而还有意地让别人感受到"换气"的瞬间,有时也是一种言语修辞的重要策略。"抢气"既可以发生在句子间,也可以发生在句子中,它的目的一方面是增加气息量、调整呼吸,另一方面也要用"抢气"中明显的"呼吸声""摩擦感""呼吸方式的突然变化"表达意义及深化情感,从而带来吐字发声的层次性、顿挫感。所以说"抢气"运用得好不但可以补充气息,还可以让表达丰富和多样,使得表达与文字更为浑然一体。

第四,就气。"就气"也是一种呼吸与吐字的方式,就是呼吸之间类似换气,但是剩余的气息量还足以把剩下的内容说完,所以也会以短停、减弱等方式呈现出一种换气的态势,补气量比较小,它更多是为了完成一种自然状态下的语言的呈现。

37 播音主持中有哪些常见的"气息"问题?

如前文所述,"气息"是吐字发声的内生动力,是提供发声的必要力量。掌握科学的呼吸原理和气息运用能够帮助我们在吐字发声的过程中更顺畅、更自然、更具感染力。但是在实际的胸腹式联合呼吸运用过程中,还是会经常遇到一些普遍的关于"气息"运用的问题。在这里大致梳理如下,并对常出现的问题给予一定的建议。

第一,气息太浅。常见的胸式呼吸、腹式呼吸、胸腹联合式呼吸中,胸式呼吸比较浅且难控制,腹式呼吸比较深但缺少必要的胸腹联动与配合,胸腹联合式呼吸能够较好地调动呼吸的全过程。气息太浅,沉不下去的最主要原因可能是采用了胸式呼吸的方式,气息的支撑点没有放到腰腹之上,而是上移到了胸口的位置,所以气息的通道和路程变短了,就会觉得吐字发声的过程中声音没有根基、不稳、不通畅、没有力量,给人在听感上是声音都堵在嗓子眼的感觉。这个问题的主要原因就在于没有充分调动起"腰腹之力",可以用放松的方式首先增大呼吸量,去慢慢感受两肋、小腹、膈肌的细微收缩变化,从而调整呼吸的着力点,着力点从胸部下降到"腰腹"。"腰腹"的力量用上了,气息自然就深且有力了。

第二,气息不够。播音员主持人要掌握用平稳的气息量呈现出更多内容的能力,在面对长句、大稿时才能有足够的处理稿件的能力。但是很多人常常感觉到"气息不够",很多时候还没说完话就没有气息了,从而让表达不完整,语意也会被切断。其实造成"气息不够"的原因有两个:一是吸入量不够,气息吸入的比较浅,没能满足播音主持呼吸的基本要求,所以感觉气息不够。二就是用气过程浪费的比较多,过程中可能由于吐字用力过猛、用力分散、不注重控制等造成气息的浪费。所以这个过程中要有意识地"开源节流","开源"就是尽可能呼吸得更深,吸到7~8成的气息量,其次就是在吐字发声的过程中要加强腰腹(两肋、小腹)的控制能力,学会用小气量完成吐字发声,让气息能够细水长流,在同等气息量的情况下表达出更多的内容。

第三,习惯性憋气。"呼"与"吸"其实是一个连贯性、交错性、自然性的过程,吸的结束伴随着呼的开始,呼的结束又伴随着新一轮吸的开始,是一个有序的循环往复的过程。但是也有一些人习惯性地一次性吸入较多的气息,然后"憋在"胸腹之中(或者全部憋在胸腔中),而后再慢慢地呼出。其实"憋气"的过程就破坏了身体、呼吸通道的自然呼吸规律。身体和呼吸器官在"憋气"的过程中都处于比较紧绷和失去控制的状态,一次呼气结束身体从一个极端(极度紧张)又快速地进入了另一个极端(极度放松),整个身体就失去了正常的调节,也没有了基本的放松、自然和灵活,所以要改掉习惯性憋气的不良用气习惯。

38 播音主持发声的特点是什么？

播音主持发声的特点与生活语言的发声比较相近，但是又有明显的区别。生活语言中发声基本准确、清晰、流畅就能满足日常交流沟通的需求。与之相比，播音主持发声还要在此基础之上更为动听、更具感染力，同时更具科学性。因为播音主持所面对的受众更多、范围更广、题材更多样、情感更丰沛、难度更大，对发声层面就有着更高的内在和外在的要求。发声的"品质"主要取决于"喉部控制"，这个控制强调的是对喉部松紧、张弛、宽窄等层面的控制，从而在发声的音高、音质、音强、音长层面做出相应的变化和调整，让发声更为多样、灵活、丰富，富于变化且贴合内容。

播音主持发声在整体上与日常发声最为接近，与话剧表演、声乐、戏曲的发声有相似之处但是差异也较为明显，整体上的要求是音高适中、音色柔和、音量中等、发音时间较长，做到音高错落有致、音色虚实结合、声音色彩丰富、变化自如。具体而言，播音主持发声的整体特点有以下四个层面。

第一，音高的变化。声音应具有高、中、低多层次的音高变化，这是对音高的基本要求。其实在实际的运用过程中，音高不仅有高、中、低之分，如在"中与高"两者之间声音其实还可以有更细致的微高、较高等区分，如此，声音的音高变化就更为丰富和多样了。在表现一些相似、相近但是又不同的内容内涵的时候就能呈现出它们在感情上的差异性，有时候即便是很微小的改变也能带来听感上较大的不同。

第二，音色的变化。在日常的新闻播音、口语表达之中其实音色都是相对最稳定的，一方面音色取决于自身的声音条件，另一方面音色也取决于日常的说话习惯。除此之外，在一些文艺、配音等作品之中，往往也因作品、配音等角色的差异，要去寻求与内容适配的声音，这时音色的变化就显得更为重要了，除了虚实之间的变化之外，还可以有粗细变化、松紧变化、靠前靠后的变化。例如喉部有意识地靠后说话，声音就会显得比较粗犷、豪放，更偏重于男性的声音;如果喉部有意识地靠前,那说话的音色就是轻声细语、柔情婉转,更适合表现女性的声音特质。

第三,音量的变化。播音主持最接近于日常表达,尤其是播音员主持人通常都是借助话筒完成表达的,对音量本身没有更多的要求,基本上保持正常说话的音量就可以满足播音主持的需要。要注意的是,正常说话的音量指的是播音主持不需要故意大声,更不需要喊叫,而不是指播音主持要始终保持同一个音量不变。在播音主持中音量的适当变化,是作为参与表达的外部的重要形式,音量随着内容、对象的适当变化,其实是情绪、情感等层面的变化,一味的大音量让人感觉聒噪,一味的中音量又让人感觉乏味,一味的小音量又会让人觉得缺少力量,所以具体表达之中的内容、内涵与情感是把握音量调节的内在依据。

第四,音速的变化。包括吐字快慢和语速节奏的多层次变化。一般情况下速度太快极容易说不清楚,很多时候容易吃字漏字,同时也让受众听起来比较困难和吃力。所以在一般的口语表达之中保持相对匀速、相对稳定、相对工整即可。这里的"相对"就是音速不是一成不变的,但是也不能随时千变万化,否则容易给人凌乱无序、表现浮夸的感觉,要适时在表达的关键之处、情感的流露之处、情绪的共振之处学会在语速上有的放矢,增强语言的感染力。

综上所述,音高、音色、音量、音速的每一个内部又都包含着不同的层次和分寸,所以如何用声、如何发声没有一个标准的模板和样式,不能简单地说谁搭配谁最好,谁后面接续谁最优,我们只能在理解表达内容的基础之上,多去思考和尝试不同的用声方式,才能对内容有一个最佳的呈现。

39 吐字发声的整体原则和要求是什么?

播音主持中的吐字发声包含吐字与发声两个部分,每一部分又各自有其规律、规则、常见问题及解决方法。在这里我们先对吐字发声的原则进行一个宏观的阐释，而后在后续的问题探讨中再着重讨论具体的微观层面的问题。吐字发声的整体原则主要包含三个层面，即工整性、适应性、变化性，三个层面要求横纵贯穿、理论与实践相互结合、内容与形式互相关照。

第一，工整性。工整性其实也可以称之为吐字发声的稳定性，就是吐字发声不能时好时坏、时有时无，擅长部分的表达得心应手，不擅长的地方表现得就不尽如人意。"工整性"就是从头至尾要有一种整体意识，保持相对稳定、平衡、准确的吐字发声方式、方法和风格。它犹如书法一样，一幅作品不能单独说某一个字写得好，某几个字写得有味道，而是整幅作品就是一个和谐的整体，它们需要保持稳定的书写风格，流淌着连贯的书写情绪，孕育着同样的书写审美。同理，说话中的吐字发声亦是如此。

第二，适应性。适应性是播音员主持人要有驾驭不同环境、场景、主体、对象、内容、体裁等层面的能力。传统媒体及新媒体节目形式和类型的增加，给播音员主持人带来了新的要求和挑战，从最初的要能播好消息、通信、评论到现在的要能适应不同媒体、不同播出平台、不同节目类型。时代环境、媒介平台、节目类型、受众群体等多方面的变化就意味着主持人不能固守着一种输出方式，要有一种以媒体伦理与规律为总方针，以节目类型为依据，以受众需求为出发点适应节目的新的外化表达方式。例如新媒体节目其实很大限度上不再片面追求宽音大嗓、深沉浑厚，而是更倾向于轻松、活泼、日常、对话的方式，语言风格的转变其实就倒逼着我们要对原有的表达方法和范式进行必要的调整，以此去适应新的媒体需求和受众观赏规律。

第三，变化性。变化性是在工整性和适应性的基础之上完成的，即不管是哪种节目类型，吐字方式都是有适度地伴随着内容的微妙变化的，这些变化丰富着吐字发声的层次和形态，让语言表达在大的方向之下以一种"变则新"的方式不断地给受众带来新鲜感。但是要注意的是"稳定性"和"变化性"的区别，"稳定性"是宏观层面的整体性风格的相对统一，"变化性"是微观层面具体技巧方面的丰富灵活，二者不能一概而论，更不能混为一谈。

40 说话的时候双唇应该是什么关系？

说话的过程中，我们注意到经常会有一些人在双唇的使用上是不科学的，如双唇都比较用力（俗称"满嘴用力"），下唇过于用力，双唇懒散都不主动发力（双唇无力）等。其实，这些问题都是由于没有搞清楚在播音主持的语言表达中双唇之间的关系造成的。在语言表达中，双唇共同发力并根据不同的发音形成不同的外部口型，从而配合口腔内部共同完成一个音节的塑造。同时，在发声关系上，上下唇的角色、力度、幅度、关系是不同的，因而也就承担了不同的义务和功能。

第一，角色层面。在说话的过程中，上唇更为主动，下唇主要是配合上唇完成口型的变换，也就是说上唇是主动的角色，下唇是辅助的角色；反之，如果在说话的过程中赋予了双唇相同的"主动性"，那带来的最直接的问题就是"满嘴用力""满嘴使劲"，说话失去重心，发音过猛过硬，面部表情也会过于夸张，影响语言表达的效果。另一种情况，如果下唇处于主动的角色，其实就是下巴过多地参与说话，整个发声就会有一种"拽着"说话的感觉。

第二，力量层面。上唇因其主动性更强，所以力量上要强于下唇。自然而然，双唇整个重心会更靠上，更利于力量专注的集中发声。同时也要注意上唇的力量强于下唇的力量，是上下唇二者之间相对而言的，而不是以其他发声器官的力量作为参照物。

第三，幅度层面。因上唇的主动性更强，力量稍大，所以上唇在形塑外在口型的过程中变化幅度也会更明显，更为多样和灵活，下唇相对变化幅度较小，较为平缓地辅助上唇。有一些学生正是因为上下唇的力量、幅度等问题没有搞清楚，说话的时候嘴唇动作偏大，面部表情过于夸张，影响上镜的外部形象美感。

第四，关系层面。双唇之间虽然在角色、力量、幅度等层面都不同，但是并不能因此而割裂了双唇的相互关系，上唇更积极、更主动，力量及幅度更大,下唇更平稳,力量较为适中,起辅助作用。它们的诸多特性的差异并不是在强调谁更重要,谁不重要,不能简单地将二者孤立地去讨论,只是在具体的实践过程中二者的分工不同罢了,因而要主动构建两者的密切关系,寻求它们配合的交叉点。我们认为,说话的过程其实是一个上唇带动下唇的过程,当两者有了自然、流畅、巧妙的配合才能完成各自的任务和共同的目标。

41 说话的时候双唇要如何用力?

在语言表达的实践中,双唇承担着形塑声音的功能,也承担着体现表达的流畅度、力量集中度、声音品质的重要功用。同时,我们也看到过有一些人在说话的过程中双唇着力过猛,造成说话笨拙;双唇着力不集中,造成发声力量涣散;着力路线不准确,造成声音状态不积极,层次不明朗。因而,双唇"着力"的大小、位置、路线都影响着表达的质量,在这里从三个层面阐释在说话过程中双唇的着力问题。

第一,着力大小的问题。首先我们要明确的是,双唇确实在语音发声中起着非常重要的作用,但是重要并不等同于要将所有的专注力、所有的力量、所有的焦点都放在双唇上,而是要将力量恰当地分布在唇、齿、舌、腭上。因此,不是给双唇的力量越大,就说话越清晰,相反"过犹不及"的力量反而会限制双唇的灵活程度。那什么样的力量才合适呢?我们认为,双唇的着力先要建立在双唇放松的前提下,然后给双唇一个可以被灵活"控制"的力(我们大致认为这个力量可以给到 5 成左右),让双唇能够收放自如,既不感觉到紧绷,同时也不会觉得松散,而是放松中有"控制","控制"中有放松。

第二,着力位置的问题。双唇着力不集中,是一个特别常见的问题,它最显著的特征就是从观感和听感上都能非常明显地感觉到"满嘴用力""咧嘴说话"。"满嘴用力"带来的最直接问题就是声音从口腔中出来之后,没有一个方向和目标,而是沿着嘴唇各个用力的方向喷弹,从而造成发声的力量涣散,也就是我们通常所说的声音很"散",声音不集中。我们希望的声音是从口腔喷弹出来之后能沿着直线的方向,类似于子弹从枪膛中打出,沿着直线击中靶子。发声也如此,即要集中力量发声,这样所有的力量和声音才能拧成一股绳,才能沿着目标方向形成声音的合力。

所以,说话的过程中并不是"满嘴用力",更不能平均着力,而是要把双唇的力量主要集中于双唇中间的三分之一处,它是主要着力的位置,也是声音通过的主干渠道,可以让声音路线更精准、力量更集中。而双唇左右的各三分之一处也不是"僵硬"的,而是应该主动配合双唇的中间部位去完成发声,它们的主要职责是"辅助""配合",帮助形成通道,凝聚声音。

第三,着力路线的问题。我们在一些表达中会听到有些声音过于平淡,没有层次,也缺少表现力,其实这里主要的问题是从口腔内到双唇间"着力"的路线太单调,没能形成具有表现力色彩的声音形成空间。这一类的问题往往就是声音以直线的方式从口腔内吐出来(通常称之为"直进直出"),没能形成声音润泽、表现和美化的时间与空间。如若声音能够沿着上腭,滑到双唇处,再喷弹而出,这时候声音的可塑空间就大大增强了。我们经常会对此做一个类比,要去感受声音的路线宛若是在口腔里"翻了个跟斗""打了个滚儿",即从口腔到双唇的路线不是一条直线,而应该是一条"弧线",这样的声音表现才更加丰富,也更饱满和积极。

42 播音主持中对"吐字"的要求和常见问题有哪些?

播音主持中常说的"吐字"又称为"咬字",之所以用"吐"和"咬"来形容发声的过程,一定程度上说明发声不是一个松懈的、随意的过程,相反科学的发声是一个从呼吸到成音的有意识、有控制的过程。播音员、主持人要求在吐字上达到三点要求:准确清晰、圆润集中、流畅自如。第一,准确清晰。"准确"指的是发音发声要符合普通话要求的基本规范;"清晰"就是吐字要干净、明朗，要让受众能听清、能听懂，具有较高的语音、语意的辨识度。这是对吐字发声最基本的要求，如果不准确或是听不清就无从谈及美感等内容了。第二，圆润集中。这一点是在第一层面的基础之上从发声的美感层面提出的要求。"圆润"就是声音饱满、悦耳、婉转；"集中"是吐字发声的力量要集中，要有一种吐字的"声束"感，吐字是有路线的，不能满嘴用力，也不能力量分散。第三，流畅自如。这是对吐字发声的整体层面的要求，就是吐字发声要回归自然态，不能因为播音工作的特殊性就过分纠结于字、词、音本身，而忽视了语言的传播及交流特性，将语流语句"字化"。

吐字发声也有一些需要注意的常见问题和理解误区，在这里加以说明和解释。

第一，吐字发声的自然不等于随意。我们在讲发声、吐字的过程中一直在强调吐字的自然。自然就是与生活贴近，与生活融合，用受众最容易接受的方式说话。自然就是不刻意、不夸张、不过度、不矫揉造作，用一种较为灵活、准确、熟练的方式理解和把握好自然状态与演播状态的关系。而吐字的随意性是指不经过思考、克制、控制等将自然的状态完全等同于生活状态，缺少了吐字发声过程中对身体、发声器官、呼吸等层面的调度、把握和综合运用，因而不能将二者画等号。

第二，要避免吐字发声的两种力量极端。一些学生在学了吐字发声之后，尤其是学习了口腔、唇、舌、腭、齿之间的发声关系之后，为了达到某种吐字发声的效果，不恰当地赋予了这些发声吐字器官冗余的外力和过多的力量，企图单纯地用这些外在"技巧"增强声音的表现力。但恰恰相反的是，当给了这些发声器官太多、太重、太杂、太多余的力之后，吐字器官反而变得笨拙、僵硬、不灵活了，吐字也会因为发声器官过度负荷的"外力"而变得不自然、不顺畅，也不好听。其次就是走了吐字发声的另一个极端，既然不能用力，那就完全不用力，这肯定也是不行的。唇、齿、舌、腭如若失去了必要的力量控制就会变得无力、软绵绵、无法喷弹，吐字也变得"虚软"起来了，等于吐字发声器官处于完全失控的状态了。因而在力量上要有一种"分寸感"，在大与小之间、黑与白之间、宽与窄之间、亮与暗之间去寻找一种平衡的最佳状态。

第三，吐字发声是语言工具性的美学功能延伸，而不是根本目的。前面我们讲过语言是一种工具，语音发声是语言的外在表现形式，自然也是一种工具，既然是工具，就要具有工具的属性和意识，它一定是为了表达语意的最终目的而服务的。语言是工具，语音发声是语言的外在表现形式，那吐字呢？我们认为"吐字"是语言发声美学功能的一种延伸，它依然停留在工具的层面，只不过是工具更高级、更美化、更精细的表现形式，让工具变得更好用。好比一把菜刀，把刀刃磨得更锋利，切菜就能更快一样，但是它依然是工具，只不过是把工具的性能提升了。所以吐字也是工具，好的吐字发声可以有效地促进表达美感和听感，但是它不是表达的最终目的，因此言语的工具意识要清楚和摆正。

第四，要练就吐字发声的习惯性肌肉记忆和表达技能。吐字是口腔发声的重要内容，需要唇、齿、舌、腭等发声器官的共同配合，但是在实际的表达中我们既要重视吐字发声，同时还要重视表达内容。而在具体实践中我们的精力和专注力是有限的，如果把大部分专注力都放在唇怎么动、舌头怎么上抬、软腭怎么提起来等类似问题上的话，我们几乎就没有精力去思考说话的内容了。所以就要做必要的"舍与得"，是舍掉思考吐字发声呢，还是舍掉表达内容呢？肯定是在说话的过程中要"舍掉"吐字发声，"舍掉"意味着不管不顾吐字发声了吗？肯定也不是。而是要求播音员主持人在日常练习中反复锤炼，让吐字发声的方式、方法、口腔感觉成为一种自然的说话习惯和说话反应。如此，在表达实践之中就不用给太多的精力去思考这一技术层面的问题了，这样就能把更多时间和专注力放在说话的内容层面上了。

43 对"字正腔圆"的理解有哪些常见的认识误区？

我们常用播音腔、字正腔圆等形容播音员主持人说话的感觉，整体来说这是对播音员主持人说话的规范性、准确性、流畅性、圆润饱满程度的一种肯定,但是也有一些人对"字正腔圆"这种说法存在一定的误解。何谓"字正"?"字正"指的是表达的语音规范及准确,没有方音,较为规整和准确。何谓"腔圆"?"腔圆"指的就是在语音规范基础之上对声音的美化,集中表现为发音发声圆润、集中和饱满。因而说"字正腔圆"指的就是播音主持吐字发声准确、集中、圆润、饱满,具有一定的审美性。

"字正腔圆"以前常用来形容老一辈的朗诵艺术家、播音员,尤其是新闻播音员。随着媒介发展的日新月异,这个词似乎说得并不多了,是不是因为在这个媒体变革的大环境下主持人的语言不再需要"字正腔圆"了呢?是不是"字正腔圆"已经过时淘汰了呢?其实并不是,而是很多人对"字正腔圆"的性质、内涵、特征、形态的认识还不够深刻和透彻,具体我们从以下三个层面来阐释。

第一,"字正腔圆"与语言单调、僵硬、做作的关系。往往一提到"字正腔圆"很多人就会想到"拿腔拿调""矫揉造作""端着说话",其实它们之间没有必然的关联。如上文所述,"字正腔圆"指的是表达的清晰、准确、饱满,是在准确基础之上对说话的进一步美化,它并不意味着说话在"语态"上的改变,不是故意装腔作势、矫情、捏着、挤着、端着说话,我们用轻松的方式、日常的方式依然可以做到"字正腔圆",所以把握概念首先就要厘清它的性质和内涵。

第二,"字正腔圆"与语言外部表现的关系。"字正腔圆"是指语言表达的清晰、准确、饱满,但是清晰、准确、饱满并不是强硬地要求每一个音、字、词都要用同样的力量、同样的语速、同样的圆润程度,从而让所有的字词呈现出一种"均等"的状态。恰恰相反,我们要依据表达的语境、对象、内容等层面的因素,对字词句做出必要的调整,这样的语言表达才是灵活的、生动的,有人格化的呈现,否则简单地将"字正腔圆"浅表理解为字词"颗颗饱满",其实是忽略了复杂的语言外部表现形态和审美功能。如果我们把说话(形成语流)比喻成一颗颗珠子,那我们说话的时候就会有大珠子、小珠子,甚至有的时候还要允许有一些残缺的珠子,如此一来才能做到"大珠小珠落玉盘"。相反,说话如同这一串珠子,如果颗颗珠子都是一样大小,反而失去了表达的重心,也失去了让语言能够表情达意的功能。

第三,"字正腔圆"与语言呈现的多类型性。多类型性就是说同样是"字正腔圆",在不同的样式、体裁、类型、语境的表达之中也是不一样的,它又有很多的层次和区别。例如新闻联播、综艺节目、访谈节目、体育节目,主持人的言语表达都是需要"字正腔圆"的,但是类型、层次和分寸又不一样,比如新闻类型的"字正腔圆"要求语言表达更规整、更书面、更具有仪式感;综艺节目的"字正腔圆"要求主持人的语言更多样、更灵活、更有张力;访谈节目的"字正腔圆"要求语言更自然、随和、贴近生活语境;体育节目的"字正腔圆"要求语言更有冲击力、更有现场感。即便是同为新闻节目的"字正腔圆"其实也不太一样,比如新闻联播、民生新闻、说新闻聊新闻等,它们在具体的层次运用和分寸把握上也不尽相同,从而显现出了它们所具有的丰富特色。

因而,对于播音员主持人来说,"字正腔圆"没有过时,也不会淘汰,它是主持人的必备之功,必要的语言基本能力,所以我们也要在实践之中善于把握,勤于思考,以辩证的态度和前沿的眼光,以更好的主持人语言专业能力呈现出优秀的表达品质。

44 播音主持中"共鸣调节"的方法与要领有哪些?

播音主持作为一项语言艺术的工作,除了清晰、准确地呈现出语言内容之外,受众对播音员、主持人的声音也有一定的要求,尤其是在表达过程中对声音的审美要求。前面所提及的呼吸方式、吐字方式、归音方式等都是对声音的一种美化,除此之外"共鸣"也是一项重要的对声音进行处理和美化的方法,几乎贯穿了整个播音主持的工作。播音主持中的共鸣主要分为三大类,即口腔共鸣、胸腔共鸣、鼻腔共鸣。这三种共鸣的方式分别作用于不同效果的运用之中,但是它们三者在播音主持工作中的地位和作用又不是等同的,而是有主次之分。一般我们认为在播音主持工作中是以口腔共鸣为主(播音主持毕竟是一门语言表达艺术,口腔是其吐字发声的主要阵地),以胸腔共鸣为辅（胸腔共鸣有一种深沉、浑厚的声音质感），最后鼻腔共鸣适度（适用于特定的内容、效果的表达），三种共鸣方式有主有次、相辅相成，丰富了有声语言的共鸣类型、层次和表达效果。

第一，口腔共鸣。舌头的积极自如、口腔的开合度，以及唇齿的适度贴近是形成口腔共鸣的重要基础。口腔共鸣需要注意两个常见问题，即"扁"和"偏"。"扁"是口腔的纵向开合度比较低，口腔的纵向空间很小，软硬腭与舌头之间的空间没有被延展开，口腔内部只有一条较小的缝隙，因而空间的受限就很难形成口腔共鸣。"偏"是舌位的过度偏前或者偏后。舌位过于偏前，口腔的前部空间过小，声音过于靠前发出的声音就缺少共鸣，也显得比较单薄；舌位过于靠后，整个发声的重心后移，也会显得声音不够明亮，听上去比较闷暗。所以要注意口腔共鸣中的"扁"与"偏"的问题。

第二，胸腔共鸣。胸腔共鸣的整体声音特质是声音深沉、饱满，声音较为扎实和稳重，这种声音给人一种踏实诚恳，有利于增强信任感，同时也丰富了口腔共鸣的层次。胸腔共鸣尤其是在男播音员主持人中展现得较为明显，显现出声音的某种男性魅力。"胸腔共鸣"有三个要领：①喉部放松。喉部放松是让整个气息、声音的支点有所下移，去感受胸腔参与说话的感觉，如果喉部过于紧张，声音就会带着气息往上走，胸腔就很难找到放松和参与共鸣的感觉了。②发声时声调不宜过高。声调过高更多地带动了鼻咽腔，所以要学会控制声调。③要有意识地适度增加说话的响度（音量）。胸腔相对于口腔和鼻腔来说，空间体积较大，体积较大的腔体如果需要引发共鸣就需要同等条件下更大的助推力，因而适当地增加音量有助于激发胸腔共鸣的产生。

第三，鼻腔共鸣。鼻腔共鸣是声音在鼻腔内的一种共鸣形式，鼻腔共鸣与我们所说的鼻音其实在本质上是极为相似的，只是两者在程度上有所差异，鼻音作用效果明显，对声音产生了一种主导性的共鸣，这在一定程度上会影响发音的准确性和清晰度。相反，鼻腔共鸣力度适中（通常是较弱）的时候是有利于声音美化的。对鼻腔共鸣起到关键性作用的是软腭的抬起和下垂，软腭抬起后与后咽壁有明显接触，可以阻塞鼻腔，鼻腔没有明显气流通过，鼻腔共鸣就消失了。反之，软腭降低时，气流从鼻腔通过，就会产生一定的鼻腔共鸣，所以要有意识地利用软腭的升降调节鼻腔共鸣。

45 "共鸣"的常见问题及解决方法有哪些？

常见的关于声音共鸣的问题有很多，我们习惯从共鸣方式、共鸣位置、共鸣状态等层面去寻找原因，但往往很多关于"共鸣"的问题其实并不是共鸣本身出了问题，很可能是在呼吸、吐字、发音等层面出了问题，这些与吐字发声密切相关的内容没有和共鸣相互配合好，从而导致共鸣出现了问题。

第一，身体、发声器官过于紧张。特别是在初学阶段，由于学生所接触的呼吸、语音、发声、共鸣等知识过多，同时又要兼顾内容、情感、表达，所以很多时候对这些方法还不够熟练，在同时兼顾的过程中过于慌乱和紧张，身体就会有一种不自觉的僵硬、紧绷和不听使唤。当身体紧张的时候，这些信号就会传递到身体的各个器官之上，而发声器官的紧张会让它们在发挥各自作用的时候有所受限。所以共鸣不是一个单独的问题，而是在身体以及身体器官的相互配合下共同完成的发声方法，需要先从整体上找到问题发生的可能性。

第二，共鸣腔的配合问题。"共鸣"产生的必要条件之一就是要有稳定的共鸣腔体，要知道口腔是最活跃的、最常用的腔体，始终贯穿吐字发声全过程，其次胸腔共鸣使得声音沉稳、可信、有踏实感，尤其是在播音的过程中胸腔共鸣要有一种主动的调动意识。然后鼻腔共鸣是使得声音洪亮、嘹亮的共鸣，适用于特定语意的表达，辅助胸腔和口腔共鸣。所以，既然是以口腔、胸腔共鸣为主体，那气息就要有意识地下沉，不能一直提着气息，否则气息上提，胸腔就无法发力，从而无法参与共鸣。其次，要有意识地根据表达内容和情绪适当调动鼻腔共鸣，鼻腔共鸣就是要快速、准确地有一个气息的上提变换，把发声重心上移，形成鼻腔共鸣，整个过程应该是一个快速、流畅且自然的过程。同时不管是以胸腔还是鼻腔共鸣为主，口腔共鸣都是贯穿始终的。

第三，口腔处于松弛状态。口腔作为重要的发声器官，不仅承担着吐字、发声等内容，同时口腔的舌位变化也影响着口腔共鸣的效果。有一些人找不到共鸣的感觉，很可能是口腔的状态不对，因为不管是胸腔共鸣还是鼻腔共鸣，口腔都会参与其中，口腔和其他腔体相互协作、相互配合，共同完成共鸣。但是如若在配合的过程中口腔始终处于松散的状态，不仅不利于吐字、发声，同时这种松散的状态也在给共鸣的形成"泄力"，让口腔的共鸣不能更好地和其他腔体相互配合，从而无法产生较高的共鸣质量。

46 为什么很用力了，但听上去仍会觉得唇舌无力？

首先，需要厘清的一点是所谓的"唇舌无力"还是"唇舌有力"与口腔内发声器官（唇、齿、舌、腭）的"用力"大小没有直接、绝对的关联，因而就不会因为发声器官的"用劲儿"就会让吐字变得饱满和有力。反之，掌握了正确的方法，我们一样可以用中等的力量，甚至是很小的力量发出饱满且有力的声音，这一点尤其是在艺术语言的表达中最为明显。其次，我们所说的"唇舌有力"形成的前置条件包括两个层面即"唇舌控制"和"口腔爆破"。

第一个层面"唇舌控制"。就是说发声器官因为有了较为自由和灵活的"控制"才能让吐字变得有力、轻盈且放松。这里所说的"唇舌控制"简而言之就是各个发声器官的自我掌控能力，即唇、齿、舌、腭分别是不是足够的积极、主动、灵活且敏锐，例如舌头是不是能够灵活且快速反应，用恰到好处的力度完成不同音节口腔内部的舌位关系变化，而不是被动、消极、生硬、懒散、懈怠、无目的舌位位移，更不能将所有注意力和力量集中在唇舌的力度之上，这只能称为"蛮力"，会使得唇舌变得更加笨拙和干硬。其次，是它们相互配合是不是足够的顺畅和贴合，当"唇舌失控"时，发声器官之间就无法产生共同作用下的"发声合力"，就会让人觉得说话软绵绵的、听不清楚、没有精气神，从而表现出"唇舌无力"。因而说，说话本身就是一个综合性的过程，唇舌等要能够在说话的过程中被充分、积极地共同调动起来，让发声器官在口腔内"活跃"起来，当发声器官都能够较为敏捷地接受"控制"的时候，语言表达就会呈现出"轻松"且"有力"的状态。

对于发声器官的"控制方法",口部操的训练一定要坚持,并且不能简单、机械、无目的地做口部操,这样收效甚微。一定要学会在做口部操的过程中积极、主动地去"感受"发声器官的"状态""力度""动程""配合",去体会运用不同方式、不同状态、不同力度说话时,口腔内部发声器官的"细小""微妙"的变化,以及这些变化所呈现出来的声音品质。当你能够感受到它们在口腔内部的细微变化所带来的声音变化的时候,你才能够去理解何谓"控制",何谓"巧劲",以及何谓"配合"?这时候你就会对"唇舌控制"以及"唇舌有力"有更深刻的理解。

第二个层面"口腔爆破"。有时唇舌无力也表现为一种说话前置程序,在声母持阻的过程中缺少了必要的"蓄气"过程,即声母发音(成阻部位的前后)在口腔的内外没有形成能够呈现声音力量的"气压差",只有口腔内外有了气压差,才能够有"爆破",才能够有声音"喷弹"的力度感。因此,如果口腔内能自然形成一个"蓄气"的过程,就很容易使得音节干净有力。否则,即便嘴唇、舌头再用力也都无济于事。

对于此类问题,可以多注重双唇的喷弹练习,如b、p等音节,再以这些声母组成字词(破碎、报纸、爬山、攀比)去感受在发声的过程中口腔的"蓄气""气压差""喷弹""力度"等问题,去理解和感受唇舌力量的控制方法。

47 双唇不灵活,说话不受控制应该如何解决?

很多人在说话的过程中,总是觉得自己的嘴巴比较笨拙,嘴巴跟不上表达的节奏。嘴巴明明已经很努力地在"说话"了,但是却总会出现吃字、漏字、发音不清、音节不完整等问题,让人产生说话很费劲的听觉感受。

产生这个问题的主要原因是,这一部分人在说话的过程中把主要的"力"集中在了双唇上,双唇承担了说话的重心角色,所以双唇就难免会用力"过猛",从而造成说话过程中双唇不灵活、不受控制的现象,从而导致了双唇、口腔内部、思维三者之间的关系不连贯,影响了说话的整体效果。这一现象主要可以概括为以下六个常见问题。

第一,嘴唇幅度过大、嘴形夸张。这样造成的直接影响就是在音节发音的过程中,双唇的变换速度明显慢于口腔内部唇、齿、舌的速度,因而,说话时口腔内外之间就没能形成一个顺滑的连续过程,造成说话在连续性上的"脱节",从而呈现出"嘴笨"的说话感觉。

第二,唇齿间距偏大。双唇与牙齿的间距偏大也会造成双唇不灵活,我们常说"唇不离齿",双唇与牙齿应是"唇齿相依"的关系,彼此柔和地给对方力量和支撑,因而不能噘嘴,要去慢慢感受和体会唇齿之间的微妙关系。

第三,嘴形变换不灵活,感觉僵硬。表现在表达的过程中,双唇不是平滑的、流畅的转换口型,而是在不同的口型转化过程中,嘴巴的变化动作呈现出了"颗粒感",从而使得嘴巴产生紧张感,造成语感的僵硬和语流的不顺畅。

第四,嘴唇作为发力重心,导致发声位置前移。发声位置的前移造成了整个表达过程中的"空间"位置失衡。声音失去了口腔内部的活动范围,转移到双唇附近,空间的压缩也造成了说话比较吃力的感觉。

第五,双唇太扁,不能形成与口腔内部相呼应的口型。双唇没有完成对应的圆润、饱满的音节形成位置,造成音节不准确、不清晰。

第六,满嘴用力。说起话来"唇飞色舞",也让双唇形成声音的力量不集中,没有靶向性。

其实在说话的过程中我们主动给双唇的力是有限的,或者可以说,双唇在参与说话的过程中不是一个主动发力的器官,而对应的口腔内部的发声器官是主动发力的,双唇作为发声的后续环节,主要是跟随、伴随口腔内部的变化而形成不同的口型,来完成发声及不同音节的呈现。

因而在发声的过程当中,首先要放松双唇,不要把专注力和支撑点放到双唇之上,而是要将整个重心放到口腔内部,通过说话重心位置的转移解放双唇。其次,要注意双唇的幅度,要有意识地控制双唇的运动幅度,克服噘嘴、咧嘴等造成的力量过满问题。再次,在平时的训练中要有意识地去感受说话的过程中"唇齿相依"的配合感和流畅度,感受内部器官带动外部器官共同完成发声的感觉,而不是让外部器官牵引着内部器官。因而,谁是主动,谁是被动,谁是先,谁是后?就在一定程度上决定了双唇是不是能够灵活、轻松地配合完成语音发声。最后,就是保持双唇的圆润且力量集中,不能"满嘴说话",要尝试把力量放在双唇的中部更好地集中发力。

48 吐字发声中舌头应该如何用力?

舌头是口腔内最灵活的发声器官,在吐字发声中舌头的不同位置(舌尖、舌面、舌根)、舌头的不同调度(收缩、高低、卷平、接触等)、舌头的不同力度(轻、中、重等)都直接影响着吐字发声的品质。舌头作为一个面状(片状)的发声器官就说明它的着力点需要有一定的讲究,如到底是舌头整片用力还是只有舌头的某个区域用力?舌头应该是横向用力还是纵向用力?是前端用力还是中端、后端用力?是两边用力还是中间用力?解决好这些问题能够帮助我们更好地掌握舌头的作用及发力规则。在这里分享四个舌头用力的整体性原则,从宏观上做一个把握和对照。

第一,舌头不能完全放松,不能瘫软在口腔里,要有积极主动的调动意识。我们一直强调在吐字发声的过程中口腔内部各个器官都要达到一种比较放松的状态,这样才有利于我们的吐字发声及归音。但是其实这里的"放松"是相对的概念而不是绝对的概念。不能简单地把"相对放松"理解为不用力、不主动、不积极,从而去营造一种"放松"。其实这里所说的"放松"应该是一种"松弛的状态"而不是"懈怠的状态",它们的区别是松弛是放松中有控制,懈怠是放松中肆无忌惮。因而,放松不是指舌头瘫软在口腔里,而必须要有一定的"控制力",从而主动地在口腔内进行吐字发声的舌位调度。

第二,吐字发声的过程中不能满嘴用力、满舌头用力。这样的力量是涣散的、不集中的,也很难产生干净、饱满、立体的声音,相反会呈现出声音耷拉、发音不实、吐字不清等问题。所以,经过大量实践我们发现,要将舌头的主要力量集中在舌头的中纵方向，即找到舌头的中纵线，让舌头的两侧向舌头中纵线的位置微微靠拢，形成一种"三力合一"的感觉，即左、中、右的三个力量都汇聚到了舌头的中纵线位置，从而让舌头在控制中有舍有得、有的放矢，也能让舌头中部更有力量，更利于舌头与唇齿间喷弹的力量形成。此外，舌头的中纵线同时也要和双唇中间位置发力相互配合，形成一种内外、前后的统一，让力量更协调、更连贯。

第三，舌头中纵线集中力量要用"巧劲儿"，不能是蛮力，要灵活和轻盈。舌头两边的力量不是把力全部给了舌头中纵线的部分，而是两侧的力量融合，向中间靠拢，或者是有向中纵线靠拢的动作意识。如果这个力量不柔和、不顺畅的话就适得其反，使得舌头变得僵硬，舌的两侧无力，而中间又会因为力量集中太猛而失去灵活、弹性和滑动的能力，所以要仔细去体会和感受这种舌头之间力量微小变化的感觉。

第四，舌头的力量集中于中纵线之后，此时的舌头应该是微微向上隆起，舌头处于积极主动的调度状态。而有一些学生在舌头中间出"沟"了，舌头的整体感觉是向内"凹进去"的，舌头两侧外卷，从而影响了用力及发声。

49 用"压喉"的方式说话会产生哪些问题？

说话"压喉"的问题是比较常见的，尤其是多见于男性初学者。一些男生觉得自己没有宽音大嗓的声音条件，声音不够浑厚，不够磁性，缺少那种"低音炮"般的声音音质，但是又很崇拜这种声音，于是就借用"压喉"的方式改变口腔内部的发声结构，从而获得一种看似深邃、沉稳、有魅力的声音。在语言表达中尤其是文艺作品的表达中，有时候为了渲染某种情绪，呈现某种技巧性的表达，恰当地使用"压喉"的方式是没问题的，但是在日常的交流之中，尤其在播音主持的工作中确实不建议，也不能用压喉的方式寻求声音的质感。一方面广大初学者不要对音质本身过于迷恋，浑厚磁性的声音固然好听，但是积极阳光的声音、亲和细腻的声音、流畅自然的声音也一样有各自的特色。不能简单地用一种审美来评价和衡量声音的优劣,应该鼓励多元、丰富的声音类型,所以不要盲目且片面地追求声音音质本身,要把专注力放在如何呈现内容上。下面来说一下不建议"压喉"说话的几个原因。

第一,造成喉部肌肉群紧张、充血。"压喉"往往伴随着舌根的收缩和下压,这种口腔内部的变化就会将口腔内的着力点放在喉咙本身,喉咙在舌头的外力之下会出现一定的压力和变形,从而才会发出较为低沉和厚实的声音。着力点转移到喉咙之中,喉咙及喉咙附近的肌肉群由于受到了较强的压力就会紧绷、充血。这种用声的方式对声带的伤害比较大,说久了就会觉得喉部干痒,长期如此还会造成声带小结。

第二,声音单调、缺少弹性和变化。通过"压喉"的方式发出的声音确实会变得厚实一些,这种声音猛地听上去觉得还不错,很有磁性和男性声音魅力,但是听多了、听久了,就会觉得"压喉"的声音有些单调和刻意。通过"压喉"而发出的声音,声音的产生渠道很单一,就是靠"声带",几乎失去了口腔内部唇、齿、舌、腭之间的配合与联动,自然就缺少了一些语言表达所需要的变化、弹性和层次。声音的单调在一定程度上影响了有声语言表达的艺术性,缺少了语言的塑造功能。

第三,"压喉"说话为何并不觉得嗓子疼。这一点是很多年轻的男学生容易忽视的问题,就是某同学用"压喉"的方式说了一天话,或者播了一个小时稿子,朗诵了几个作品并不觉得嗓子疼。这是由于两点原因:①年轻的男同学身体比较好,嗓子耐受力强,受损之后很快就能恢复,但是作为专业的主持人需要依靠的不仅是身体本身,而且必须有科学的发声方法。②播音的时间还不够多,如果长期如此工作,声带肯定是撑不住的,所以要树立正确的发声观念。

对此,很多人不是不知道发声方法,只是想通过"压喉"的方式获得自己想要的"某种"声音类型,因而建议大家树立科学的"声音观""播音观""内容观"。"声音诚可贵,内容价值更高",不能因为片面地追求外在声音特质就忽视了内容,同时也忽视了表达。

50 说话的过程中如何用上"腰腹之力"？

"用气说话、用气发声、用气带声、用气托声"是常说的播音主持中的气息和声音关系。气息的正确使用使得声音的外在表现有弹性、有张力、有力量，同时也会减轻由于声带的过度使用而给发声器官带来的过重负担。但是找到气息与声音在实践中共同产生"合力"的感觉并不容易，因而，我们就会看到在一些表达之中，声音飘、声音不稳定、声音不扎实，这就是没有处理好气息与发声的关系，造成"气浅声浮"而影响表达的质量。

如果说话的过程中没有联动好口腔、胸部、腹部三者的关系，尤其是不会使用胸部、腹部力量发声，就意味着我们在说话过程中失去了一个巨大的"能量支撑"，就等于我们切断了口腔与胸部、腹部的联系，声音没有了向下的支点，而让说话的重心放在了口腔。因而，气都提在嗓子眼了，气息就会很浅，所以声音就会发飘。而如果气息主动下沉，那发声的重心也会下移，声音就自然会随之下沉（气息会带动着声音一起下沉），当气息沉下来了，发声就有了较为牢固的根基，你的声音也就变得稳定、扎实了。

解决这一类问题可以从如下几个层面入手。

第一，找到身心完全放松的感觉。很多人之所以说话的时候用不上气息，小腹也没有用力的感觉，可能是太过于紧张了，心理上太过紧张又难免会造成身体上的过度紧张。人在这种紧张的情绪之下，顾虑太多，各个器官就会形成自我保护，从而没办法调动各个器官的积极性，形成发声过程中的有机联动。因而，找到完全的身心放松的感觉，就是首先要在精神、情绪上放松，找到大功告成后如释重负的身心畅快的感觉，找到早上刚起床时候打哈欠那种毫无顾忌的舒服感觉。当你找到这种身心放松感觉的时候，你的身体首先是"通畅"的，即打通了口腔、胸腔、腹腔的隔阂，感受到从口腔到小腹是一根通畅的"管子"，中间没有任何阻碍。你会惊奇地发现，此时的气息就是自然下沉的，而不是提在嗓子眼上。这时候说话，你的声音也会是下沉的、扎实的,而这种下沉是轻松的、自然的。

第二,找到小腹的力量支撑框架。既然找到了气息下沉的感觉,如何给下沉的气息一个持续的、稳定的根基,让小腹的力量能够持续发力,稳定地带动声音,这也是比较重要的问题。上述第一点是确定位置,而这里是如何给它"扎根",即用到了呼吸中多次提及的,一系列连贯的呼吸方法,即小腹微胀(前后的空间和力量)、两肋撑开(左右的空间和力量)、膈肌下降(上下的空间和力量),三者"三足鼎立"在小腹位置形成一个"能屈能伸"的坚固的"倒三角支撑框架"。此时,小腹的力量来源就不是虚的,而是稳稳地扎在了下方,根基牢固了。

第三,感受用声时的"双向用力"。在上述第二点中所说的"倒三角支撑框架"形成小腹的气息力量,同时小腹的气息力量还要与口腔的吐字发声相互配合,把声音吐出来。因而我们看到在实际的说话过程中是小腹、口腔上下两点同时发力,小腹是负责声音的"扎根",口腔是负责声音的"吐字"。我们也经常以此做一个类比,发声好比拉动卷尺,卷尺要拉出来,需要两头用力,下方要用力"拽住",上面的卷尺才能拉出来。如果下方没有"拽住",气息就随着声音一起飘上去了,因而一定要树立说话"双向用力"的意识。

第四,用"嘿哈"找到小腹的用力感。有一些学生通过上述方法还是很难找到小腹发力的感觉,始终觉得小腹用不上力,这时候我们还可以将一只手轻放在小腹上,用连续的"嘿、哈"找到小腹位置的强烈收缩感,即每次的"嘿、哈"的时候,小腹都是强烈发力又快速收回,可以用这个方法去体会小腹用力的感觉,以及这种感觉如何应用于日常的说话中。

三

表达篇

51 如何理解播音主持创作的正确道路？

播音主持创作的正确道路，是播音员主持人创作的思想基准和行为规范。它不是具体的播音技巧，而是从原则、属性、标准、任务等层面对所有类型的播音主持做了一个统领性的要求。尽管不同类型的节目、文稿、语境对播音主持创作具体的要求各不相同，但是它们之间仍有规律性、共通的内容，正确的创作道路相当于创作过程中的信念、灯塔、方向和底线，是一条不可动摇的主线和准则。对于正确的播音主持创作道路我们可以从六个层面去深入理解。

第一，创作原则。有三个层面即"唯一性、融合性、伴随性"。"唯一性"是指要坚持党性的唯一性原则，坚定地站在中国共产党的方针、政策、立场上，做好党的喉舌；"融合性"是指在播音主持工作中鼓励播音员主持人多样的个性和风格，但是这种个性与风格必须要与党的整体要求相统一，做好党的宣传员的角色；"伴随性"是指党性原则不能是时有时无、不能时而清晰时而模糊，必须要以一种伴随的方式贯穿于播音主持工作的全过程。

第二，创作属性，即新闻属性。新闻属性也进一步强调了播音员主持人的身份和角色问题，即播音员主持人应该是新闻工作者，而不是演员、明星、娱乐工作者等。其次就是要坚持新闻特性：第一是真实性，播音员主持人表达的内容要真实，表达的方式要准确；第二是时效性，播音员主持人要有高质量、快速处理稿件的能力和素养。同时表达上要具有时代感和时效性，要能体现出新闻的"新"。

第三，创作源泉。播音主持创作离不开中外的社会环境，同时也离不开百姓的日常生活，要努力深入生活、深入实际、深入群众，不断地在火热的生活中汲取营养。生活是播音主持创作的灵感源泉，因而面对复杂、多样的现实生活，播音员主持人要有一种敏感度（即发现问题的能力）、判断力（评判新闻是非及价值的能力）、责任感（社会责任担当的能力）、专业性（专业方法、专业视角的能力）。

第四，创作过程。播音主持创作是有其自身的艺术规律和新闻规律，基本过程是"深入理解——具体感受——行之于声——受之于众"，这是一个完整的、连贯的播音主持创作过程。在这个过程中首先不能人为地摒弃某些步骤，如忽视深入理解或具体感受，直接行之于声，这样的表达是缺少确切理解和深入挖掘的，在表达的过程中就很难呈现出深层含义。其次是不能颠倒顺序，这样也不符合普遍的创作规律。

第五，创作标准。要达成两个统一，即"思想情感与声音技巧的统一"（"内在"与"外在"的统一）、"体裁风格与声音形式的统一"（"文体"与"语体"的统一）。前者是不能忽视内容、语意、情感而简单地套用语言表达技巧，这样的技巧是盲目的，同时也不能只重内容而忽视外在的表现方法，缺少语言的表现力，内容也会大大受到影响。后者是不同体裁风格的作品如新闻、评论、综艺等，要依据具体情况去找到与其相互适配的声音形式，不可一概而论。

第六，创作任务。集中在三个层面即宣传、教育、引导。宣传是宣传国家的重大决策、主流思想，做好宣传员的工作；教育是要教育广大受众树立正确的价值观念；引导是引导国家主流的思想，让主流思想的价值、意义、目的能够指导群众的现实生活。

52 播音主持创作的语言特点是什么？

播音主持语言是通过电子媒介进行创作的活动，它与生活语言密切相关，但同时也呈现出它作为一种媒介语言的创作及传播特殊性，这种特殊性有别于日常语言、舞台语言、礼仪语言等。整体上表现出六个特性，分别为规范性、庄重性、鼓动性、时代感、分寸感、亲切感，为了方便记忆，我们通常将其称为"三性、三感"。

第一,规范性。规范性主要表现为两个层面,第一个层面就是语言文字的基本素质,指播音员主持人在语音、词汇、语法、修辞等方面要符合现代汉语的标准。第二个层面是语言表达的基本能力,即主持人要具有清晰、流畅、准确的表达能力,这既是国家法律法规的要求,也是广播电视等媒体对语言文字从业者的要求。

第二,庄重性。庄重性是根植于播音主持的新闻属性,以及播音员主持人的新闻工作者属性,体现在两个方面:①体现在播音主持表达上的真实可信;②体现在创作态度上的一丝不苟和严谨认真,从而反映新闻工作者新闻属性的庄重感和使命感。

第三,鼓动性。鼓动性也可称为带动性、引导性或鼓舞性,是说播音主持区别于日常语言,是带有非常明确目的的语言创作和传播。在每次传播过程中,要主动地去传递情感、传播文明、批判不正之风,从而去引领社会的主流风尚、宣扬真善美、鞭笞假恶丑。但同时也要注意,这种鼓动性在不同类型作品中的体现也有所不同,要以具体作品和播出目的为依据。

第四,时代感。时代感主要体现在播音员主持人的语言表达要与整个的时代氛围、时代精神、时代审美相吻合,从而以媒体语言的方式去表现一种与时代风貌的"与时俱进",与整个时代的前进方向相一致。

第五,分寸感。分寸感主要是指播音员主持人的政策尺度和艺术创作尺度,具体表现为政策分寸、态度分寸、语体分寸和表达分寸,主持人需要拿捏好。在这个过程中,主持人的角色、立场、目的以及媒介特性,使得整个表达更加需要有"分寸"的把握意识。

第六,亲切感。不要把亲切感理解为一种语言技巧或语言模式,亲切感其实是一种非常具体的东西。它指的是在语言表达过程当中,要言之有物、心中有人,要以真诚平等的交流方式去营造和谐的沟通氛围,最终的目的是使广大受众愿意接受我们所表达的内容。同时亲切感的内核一定是有感而发,所有不以内容、不以受众为依据的亲切感都是虚假的亲切,要予以纠正。

53 对即兴口语表达概念理解的三个层面是什么？

即兴口语表达是播音主持专业学生需要掌握的重要核心技能之一。但是在具体的学习过程，很多学生对"即兴口语表达"概念的认识还不够明晰，在学习和训练过程中出现了诸多的问题和瓶颈。基于此，厘清"即兴口语表达"相关概念的内涵与特征是学好即兴口语表达的重要前提和基础。

第一，何谓"即兴"。"即兴"是一种语言的呈现方式，很多人对"即兴"这个词有误解，简单地认为即兴说话就是不需要准备的说话，这就是很大程度上对概念的误解。其实，即兴≠不准备，任何优质的表达都是需要有所"准备"，只不过这里的"即兴"指的是在准备时间上更加"迅捷"的思考和建构。因而，这项专业技能的重点，不是如何张嘴就来，而是通过学习和科学的训练，让口语表达所需的准备时间逐渐缩短，逐渐趋近于"即兴"的状态，即在有限的时间内快速确定主题、明确层次、筛选内容，能够在开口说话之前做到心中有数、从容大方。

第二，何谓"口语"。"口语"是一种语言的表现形态，是一种更偏向于自然、生活的语言形态。所谓"口语"不是忽视规则和章法的随意言说，它的内核是一定要以"交流""沟通""传播"为前提，以真心、真实、真诚为心理基础的话语交流形式。同时，不要将其过度理解，要将其与朗诵、吟诵、演讲等形式有所区别，此外也要杜绝那些阴阳怪气、矫揉造作、过度粉饰的方式。要有意识地努力将其回归到日常的会话语境之中，以别人听得懂、愿意听、听着舒服，能有共鸣的方式说话。

第三，何谓"表达"。"表达"是一种语言的处理机制，就是说话不能任由心情想怎么说就怎么说，而是要以中心目标为依据，有意识地对整个呈现的内容做一个"设计"和"把控"。"设计"是语言内容呈现的切口、角度、逻辑等，让同一件事、同一个主题、同一个对象经过编排之后的呈现，能够有主次、有内容、有落点;"把控"是确定所要呈现内容的语言基调、情感和分寸。基于上述内容,"表达"是让整个语言呈现既鲜活生动,又有的放矢,既掷地有声,又轻盈小巧,让经过"处理"的语言内容言简意赅、分寸得当。

54 即兴口语表达中的"三个意识"是什么?

"即兴口语表达"虽然是一种无文稿(腹稿)的口语表达,但是无文稿不代表表达无章法、无规范、无次序,因而,我们要积极地树立即兴口语表达中的几个主体意识,目的就是帮助我们在表达中能够说得更清楚、更规范、更有层次。

第一,规则意识。即兴表达首先是要基于一种"规则",这种规则应该是一种底线思维和规范意识。底线思维是言者在表达之中要非常明确地知道"哪些话能说""哪些话不能说",不能将带有强烈个人意志的一些有侮国家民族的、恶意诽谤的、嘲讽歧视的、低级玩笑的、未经核实的消息拿出来说,对这类内容要有敏感性。规范意识就是呈现在外部的表达,如有声语言层面的对象感、交流感、语音语调、表达技巧等,态势语言层面的站姿、手势、眼神等,在表达中对这些内容要有所关照和规范。

第二,目标意识。任何一段优质的表达都要有目标,没有目标的表达是缺少指向性的,在表达的过程中很容易失去焦点、没有重心,让别人听不明白。所谓目标意识就是我这一段表达的最终目的什么?是描述某个事实,是阐释某个道理,还是评论某种现象?围绕这个目标我需要做些什么?若要达到这个目的,对方需要知道什么?在目标意识清晰之后,会很自然地将所有表达内容的重心围绕目标而展开,避免了表达中的填时间、绕弯子、凑字数,而且所有的表达和论证都是为了最终的目标服务,让对方能够听得更明白、更清楚。

第三,逻辑意识。逻辑意识既是宏观层面的表达框架,也是微观层面的语言次序问题。宏观层面完成的是一个即兴表达先、中、后的序列问题，即首先、然后、其次、再次、最后的完整的头脑思维与表达线索，具有整体性的导向作用。微观层面是每一个部分的语言排序，它们之间的关系可以是并列的、递进的、转折的、说明的、阐释的等，要清楚地认识到内容的先后确实在很大程度上影响着表达的效果，需要引起重视。

55 何谓播音主持技巧的"内三外四"？

播音主持专业中常说的"内三外四"其实是对于播音主持技巧整体的概括和总结。播音主持中概括性的总体技巧分为七个，外在层面有四个技巧即停连、重音、语气、节奏；内在层面有三个技巧即情景再现、内在语、对象感。为了方便记忆和表述，我们通常将其称为"内三外四"。

第一，停连。即有声语言表达中的停顿和连接的方式，一方面指的是依照文本（腹稿）中的标点符号进行停顿和连接，使得层次表达清晰、内容呈现明朗，有助于受众理解内容；另一方面，有时需要依据具体的语境、内容和目的去改变文本（腹稿）中按照标点符号停顿和连接的固有方式，从而更好地呈现语意和情感。

第二，重音。指的是在表达的过程中，为了凸显、强调、深化句子中的某些元素或者信息，从而利用艺术的手法对字或者词语进行着重强调的处理方法，将重要内容从句子中"拎"出来，让重心和主旨更为明确。

第三，语气。语气指的是在有声语言表达的过程中，文字本身会依据内容、语意而呈现不同的态度或情感倾向，如严肃的、着急的、开心的、悲伤的、不厌其烦的，等等。语气的适用范围相对狭隘，是特定句子的特定情绪和特定状态，以此来表达内容的情绪变化。

第四，节奏。节奏是一个具有整体性、连贯性的播讲状态，如果语气特指的是一句话的情绪和状态，那么节奏就涉及一个段落、一个篇章、一篇文章整体的张弛、舒缓、快慢,它是从整体表达内容确定的核心的一种播讲状态,具有相对统一性。

第五,内在语。在有声语言表达中,特别是有稿播音、有稿主持中,有时候文字本身是比较凝练的,省略了过程中的一些文字表述,但是在有声语言表达的过程中,如果要将这些文字串联起来,就需要有一条"隐线",它像一条绳子起到贯穿、承上启下、承前启后的作用。所以"内在语"就是要将文字没有写出来的部分以隐性连接词,或者以情绪、态度、情感等方式将其勾连在一起,从而使得表达更为准确、顺畅和达意。

第六,对象感。就是无论是在播音或主持时,有稿还是无稿的表达中,我们首先都要搞清楚,我们是在跟谁说话?受众的群体特征、接受习惯、心理特质是什么样的?当我们心里有了相对清晰的"受众群像",才能更好地"与人对话",才能把语言表达得更容易被人接受。

第七,情景再现。就是我们在播音主持表达的过程中不能简单地念字出声,同时一定要用心用脑,当我们进行表达的时候,头脑当中不应该只有文字本身,而应该不断映现出文字所呈现出来的语境、环境、画面等内容,同时以映现的丰富"情景"为支点产生"触景生情"的真实情感,然后去带动表达。因此,我们只有用心体会、用心看见之后才会有真情实感的自然流露,才能更好地表达出来。

上述即为播音主持技巧的"内三外四",它们彼此独立又相互连接,同时也相互补充、相互延伸,共同构成有声语言表达的内外部技巧。

56 "停顿"有哪些类型和方法?

"停连"中的"停"即语言表达中的"停顿",是语言表达中的自然规则,也是语言呈现的外部基本技巧。恰当、准确、巧妙的停顿能够使句子层次更清晰,结构更明朗,语意更明确,也更有利于受众理顺文意。因此,停顿是语言表达中基本的但又极其重要的技巧之一。

停顿可以分为两种情况：第一种是标点停顿，即遵循文字稿件的具体标点符号（顿号、逗号、句号、叹号、问号等）停顿，一般在停顿时长上句号最长，其次是逗号，最后是顿号，其他的符号可以依据具体的情况酌情考虑停顿情况，但是这里也要强调的是，标点停顿方法只能作为播讲过程的重要参考和提示，不能犯机械主义和教条主义的错误。第二种是非标点停顿，即不再完全遵循文本的标点符号进行停顿，因为文本的内容、语意、目的的复杂性和差异性有时候必须打破标点符号的桎梏（即没有标点符号的地方也要去主动停顿），才能更好地在有声语言之中传递信息、表达情感、呈现态度。这时候我们更多的是依据句子的长短、内容、重心、情绪、效果等，对那些没有标点符号，但是又需要加工处理的地方进行二度创作，在口语表达的过程中以内容和目的为出发点，以停顿为手法对句子进行"表达停顿"的处理，从而增强表达的效果，有助于表达目的的更好实现。

停顿的常用方法有如下几种。

第一，落停。落停一般用于完成句、句尾或段尾处，就是一个完整的意思讲完之后，要给句子或者段落的结束以适当的心理接受空间，要符合语言交流和传播的基本规律，因而语言表达中就不能停得突然，不能戛然而止影响表达的意境和情绪。落停的整体特点是，停顿时间相对较长，句尾声音顺势而落（根据表达效果，可以是急收或缓收、强收或弱收，但是都要收住，不能失控），表达一个完整意思，要有收尾感。这中间很常见的一个问题就是，言者已经说完了一句话（一段话），但是受众在听感上却觉得并没有结束，后面好像还有一句话没说，这就会给他人造成一定的听感困扰。同时，落停也可以根据文本内容形式有所变化，如自然落收（↓）、偏弱平收（→）、语势上收（↗）等。

第二，扬停。即在需要停顿之处，不做完全的、结尾式的落停，因为在一些句子之间（之内），可能语意是相连、并列、递进的关系，表达一个共同的目的和意义，如果在停顿之处作"完全停顿"处理，就难免会破坏句子间（句子内）意义的连贯性、递进性和完整性。不恰当的停顿不但不能帮助语意的呈现，反而是人为地切断了语句、语意之间的内部关联性，不利于受众理解语意。因而这个时候往往采用的是扬停的方式,扬停一般用在未完成句中,如分句间关系密切,共同陈述一个内容,一句话(一个意思)还没有说完而中间又需要停顿的地方。扬停的整体特点是,不是完全的停,而是用前一句尾巴微微上扬(平拉)的方式,以 1/3 或 1/2 的停顿时长来衔接下一句,整体停顿时间较短,停时"声断情不断、声断气不断",停之前的声音或稍微上扬或平拉开,停顿之后的声音或缓起或突起,具体的方式也要视内容而定。扬停的运用能使内容集中、语意抱团、语势连贯、节奏丰富,让受众在饱含期待感的同时将内容整体向前推进。

第三,点停。即在停顿的方式和时长上的改变,很多情况下,句子的不同层面、不同维度之间要以停顿的方式予以区分和划定,但是停顿的时间过长会显得整个句子太过松垮,还会一定程度上影响表达的意思。但是这种不同小层次之间的表达又不能不停,因而,可以采用点停(或称短停)的方式予以呈现,即普通停顿的 1/3 拍的时长。有时候往往就是给了这个看似微小的 1/3 拍停顿,却对整个句子的层次划分、语意理解、节奏调整起着非常重要的作用,也可以算是一种"四两拨千斤"的表现技巧。

57 "连接"的意义与目的是什么?

"停连"是播音主持创作重要的外部技巧,上文已述"停顿",而有"停顿"就会有"连接"。连接就是在有声语言表达的过程中,不完全依据文本的标点符号的停顿规则,而是以文本要表达的内容、情绪、节奏、目的、意义、效果为出发点,对那些有标点符号的、在文本语法上需要停顿的地方在实际的创作过程中不去停顿,反而表现为多样的语句连接。这种连接可能是内容上相近,可能是情感上有共振,可能是情绪上有推进,也可能是要增强某种态度。对于连接的意义和目的,具体可以概括为以下几个层面。

第一,使内容更紧凑。在本文表达中一般需要遵循比较严格的文本语法规则,顿号、逗号、句号等需要准确标明,尤其是由许多短句构成的段落或层次时,标点符号就会比较多。如果忽略文本内容和文本目的本身,简单地依据本文标点符号进行有声语言创作,就会造成过多、频繁的停顿,这在一定程度上会破坏段落(或句子)的整体性,也会破坏段落(句子)表达目的的指向性。因此,与文本文字相比,口语表达更为灵活、更有"主体性"、更具"人格化",它需要依据段落(句子)的中心意义对内容进行"归堆""抱团",从而将看似独立的句子"整合化",这样更利于受众理解含义,同时也有助于有声语言的传播。

第二,使情绪更集中。在有声语言的表达过程中,真实的情感、真实的情绪往往是二度语言创作的基础,因而很多时候文本内容的创作一定不是孤立进行的,而必须以情绪为依托,用情绪带动文字,即"以情带声"。对那些能够表达情绪的语句进行"集中化"处理和加工,能够以此为切口更好地展现语言的外部表现力和视听审美。因此,恰当的连接是对文本二度创作的重要手法,以此表达一种情感的张力。

第三,使节奏更多样。如前文所述,简单地按照文本的标点"停连",在一定程度上会让口语表达过于单调和机械,依照此法几乎所有的表达都是相同的或相似的。如果它们在节奏上都是同样的,就缺少了有声语言所应该具有的灵动、鲜活、个性,也缺少了不同创作者对于文本的必要的理解和再现。所以说,合理、准确的"停"与"连",其实是丰富了文本转化为有声语言之后的表达节奏,从而塑造更为多面和立体的作品。

58 重音之"重"的内涵应该如何辨析?

在语言表达之中,每一句话都有它的内核和重心,对于句子中那些重要的信息、内容、元素(如人名、时间、数字、信息、情感、情绪等)要予以凸显、强化以达到帮助表情达意的目的,让句子表达的层次更分明、意思更清晰、重点更凸显。

说到重音,首先要再次明晰重音之"重"的几层含义,很多人将重音之"重"简单地理解为了在表达时对于关键的内容(词语、字)要用力、要重读、要使劲,从而强化其重要性,这一点的理解没有问题,但过于简单和片面。其实这里所指的重音之"重"是"重要的音"而不是"用力的音",这里更多的侧重于重点、重要之意,从而可以在表达上用区别、差异、独立的方式予以强调,而并非一味地用力、加劲和增大音量。既然是"着重""重要"的意思,就意味着它在表达上可以有更多层面的自我个性,而加重字的读音只是作为其中的一种方法而已。

我们举例子加以说明,如电影画面中,在一群穿着白色校服的人群里,忽然出现一个穿着红裙子的人,那她就是要表达的重点,色彩的强烈对比产生了明显的视觉差异,我们就会自觉或不自觉地将目光盯向红裙子的人,这就是用色彩的差异方式表达了重点。例如在一个教室里,所有的学生都坐着认真听课,忽然有一位同学站了起来,那他就是这个语境里的重点,站坐的姿态差异让站着的同学明显区别于其他同学,从而引起了更多的关注。

同理,在语言表达之中想要让句子的核心部分予以凸显,就要根据内容的语境、语意将核心部分予以差异化表达,加重字的读音是最直观的一个,同时轻重的变化、虚实的变化、快慢的变化、停连的变化、张弛的变化都可以让表达呈现出向着语意语核强调的方向延展。这样不同的重音表达样式也丰富了重音的外在形式,让语言的表达鲜活且多样,与内容语境之间的情感关联度更契合。同时,也要注意几个问题:①上述所言的重音的表达方式不能机械地使用,要考量句子本身的背景、目的、意义和现实的接受性,不能胡乱搭配,如果搭配好了事半功倍,搭配错了就会曲解句子的意思,也有可能会表达出与句子相反的意思。②这些表达的方式之间也不是相互独立的,而是相互关联的一个整体,不同重音的表达样式之间合理、恰当、准确,才会使得语言呈现更具有感染力以及形成更有效果的传播方式。

59 "重音"在实践运用中有哪些常见错误？

重音在有声语言的处理中起着非常重要的作用。恰当的、自然的、合理的重音一方面能够帮助播音员主持人理清表达的思路和主线，有效地提炼出表达的关键之处，同时也能够让语言表达脉络清晰、层次丰富、有的放矢，形成更为明晰的指向。因此，恰当的重音也能够让受众更好地理解表达语意，尤其是面对较为长篇的稿件时，准确地拎出重音，以重音为隐含线索来贯穿内容是一种非常有效的表达技巧。在实践运用中常见的重音错误有如下几个。

第一，重音太多。有一些同学确实是意识到了重音的重要性和运用的必要性，但是没有弄明白到底什么时候用，为什么用，怎么用？所以在句子的表达中用了太多的重音，觉得什么都重要，什么都想强调，什么都要做一下技巧的处理。出现这种情况有两个原因：①对表达内容（文本）理解得还不够透彻，不知道表达的目的和要达到的效果是什么，所以自己就拿不准主次关系（重音词、次要重音词、非重音词），也就找不到合适的重音。②将技巧凌驾于内容之上，总是希望用外部的技巧达到某种效果，忽视了内容本身。重音太多会给受众一种"耳花缭乱""用力过猛"的感觉，也会使得语意表达不清楚。

第二，没有重音。没有重音就是在有声语言表达过程中虽然自然流畅、行云流水、娓娓道来，但是听感上受众感受到的内容本身却是没有层次、没有主次、没有因果、没有先后的，在大量的信息内容之间，播音员主持人没有一个整体的目标朝向，也缺少了一个必要的价值导向。受众也很难在这种"行云流水"之中捕捉到主要的信息，或者说受众需要非常用力、认真、仔细才能够听清楚主持人到底要表达什么内容，这在一定程度上给受众增加了理解的难度。另一方面，缺少重音的表达也是相对单调的，失去了自我调度的主动性。

第三，重音不对。在一些表达之中我们确实听到了处理稿子中的重音，但是也常感受到有一些重音的处理是不恰当、不准确的,使得文字本身的意思发生了偏差甚至形成了相反的意思。其中主要有两点原因:①倘若播音员主持人对稿件本身理解的不到位,或者对稿子本身的意图理解有所偏差,就有可能在重音上选取错误,对语意造成歧义。②简单的照搬照抄所谓的重音套路,例如见到人名、数字、地名就要重音,破坏了稿子的整体性和实践性,使得重音影响了稿子的语意和目的表达。

第四,重音太单调。前文已经阐述了重音之"重"的概念意义和表达形式,所以,不能简单地用加大力量、加重读音的方式表现重音,这样就会造成语言表达比较干瘪,形式不够丰富,受众也不好区分"重"的具体内容。所以可以用多种方式和形式(轻重的变化、虚实的变化、快慢的变化、停连的变化、张弛的变化等)处理重音。

60 "重音"与"轻重格式"有哪些不同之处?

"重音"与"轻重格式"是两个不同的概念,但是两者又有一些相近之处,例如都是探讨语言表达的方式,都是探讨词语的轻重问题,都能传递出不同的语意,所以很多同学会产生疑问,它们二者之间究竟是什么关系?应该如何区分"重音"和"轻重格式"?在这里我们从四个层面对二者差异进行梳理,厘清两个概念的关系。

第一,概念及内容不同。重音是播音主持表达的外部技巧之一,侧重核心内容、关键词语、重要信息等在句子中的呈现方式。"轻重格式"是普通话中语流音变的一部分,是"词语内部"约定俗成的轻重、长短的差别,分为重、中、轻三种格式,通常弱而短的音节称为"轻",强而长的音节称为"重",介于两者之间的部分称为"中"。

第二,应用范畴不同。"重音"是词语在句子内部的整体性关系,是在一个句子之中完成的,根据内容以及要传递出的语意所表达的重点部分,目的就是强调主体,让受众更好地理解句子内部的主次关系。"轻重格式"是词语内部的音节之间的个体关系,它探讨的范畴一般不涉及句子,而是限于词语内。是人们根据约定俗成的传统、表达的习惯、语流呈现的关系而让词语的构成音节有一个细微的层次变化,如常用的二字词语可能是中重格式,也可能是重中格式。

第三,运用目的不同。"重音"的运用是强调及凸显句子核心的目的,通过技巧性的处理,让关键部分更明朗,更容易听清和理解。而"轻重格式"是语流的自然关系,主要是词语间音节的轻重、疏密等问题,合理的"轻重格式"的运用能够让语言表达的更自然流畅。

第四,表达方式不同。"重音"的表现方式可以多样化,前文已经说过,不要把重音简单地理解为是加重这个词语的外在力量,而是要让这个词语在特定语境之间与其他的内容有所差异,从而达到突出、强调的作用。而"轻重格式"的表达相对稳定和统一,主要还是通过轻重、疏密的方式调节词语间的音节轻重关系,整体手段和方法相对单一。

61 "轻重格式"的运用要注意哪些问题?

"轻重格式"是语言表达构成的基本要素之一,承担着语言表达的流畅性、自然性、和谐性等语言外在功能。准确的"轻重格式"能够让语言表达自然、亲切、有弹性、富于变化,而不恰当的"轻重格式"运用则一方面可能会暴露某些地区的方言特征,还有可能因为"轻重格式"的不准确而给句子的表达造成一些奇奇怪怪的小调调。最后不准确的"轻重格式"还可能对语意有所曲解,错误地传达了某种含义。

"轻重格式"的表达不自然、不流畅可以从以下几个方面多加注意。

第一,不要刻意去表现"轻、中、重"之间的关系变化。有时候太刻意地强调轻重、长短、强弱、疏密等反而破坏了语言本身的自然属性,同时加重了词语的负担,使得一些音节在表达的时候过于僵硬和死板。不过,日常练习的时候可以稍微夸张,但是一旦比较熟练进入语流之后,就要努力去忘掉"轻重格式"本身,而要在自然的语流中去感受音节之间细微的变化。这种伴随语境的、跟随语意的、符合日常交流规律的轻重格式才是最自然、贴切和轻盈的。

第二,要注意不同音节轻重格式的整体性。不要在"轻、中、重"的轻重格式变化之间割裂必要的连贯性和统一性,要以滑动而非跳动的方式连贯音节轻重的转换。言外之意就是不管是"中重""重中""重轻"等哪种轻重格式,从其中一个音节"滑动"到另外一个音节的"变化"就意味着上述的单个音节的"长短""轻重""疏密"等都在发生着变化。这就要求我们音节之间的轻重变化不能带来音节转换之间在听觉上的言语不连贯、声音忽高忽低,只重视个体的音节轻重而忽视了整体的语句语流。因而说,要以"滑动"而非"跳动"的方式连贯音节轻重的转换。

第三,句子结尾的轻重格式要依据表达内容、态度等做适当的调整。句尾一般承担着一句话的落点、收尾功能,即完成了一个层面的意义表达。往往句子的尾巴有两个特征:第一是声调不能掉,要努力地托住声音,有一种结尾感;第二是声调不能向上挑,要努力拽住声音,否则就会有一种句子还没表达完的感觉,或者会给句子带来一些奇怪的小调调。所以说,句子的尾巴要依据表达内容、态度、语意做适当的中和处理,让句尾有力、有收尾感,同时保持整体调子的平缓和顺畅。

62 理解"语气"的概念及其运用要注意哪些问题?

语气是有声语言创作的外部技巧之一,无论是有稿播音还是无稿主持,只要是用语言传情达意,与受众交流,就都需要把握好语气。语气集中体现在播音员主持人对所表达内容的情感与态度两个层面,情感如喜悦、热爱、悲伤等，态度如赞扬、批评、严肃等，它们共同从言语之间流露出创作主体对文本的感受力和自身的理解力。"语气"的概念相对抽象，应用又涉及多个层面和层次，在实际的运用过程中需要从三个方面加强理解。

第一，语气与语调的关系。生活当中的日常会话我们也经常使用"语气"这个词，通常指代说话的口气、情绪、态度，而且在语气的运用上常用"语调"的变化来完成不同语气的外化与显现。的确，语气和语调之间有很多重合的部分，但是它们也有很大的区别。在语音学中，"语调"常常与具体的句子类型关联更为密切，如陈述句、感叹句、疑问句等，我们通过不同语调的外部形式来完成不同句子类型的表达目的。"语气"与之相比除具备了"语调"的一般特征与特性之外，它还包含了非特殊语句类型的多重内部情绪，例如"我今天去了一趟学校"，虽然它是一个陈述句，但是联系上下文可能有多样的内涵，因而它的语气就不相同了。此外，即使是疑问句，这个疑问也有不同的表达意图，需要结合语境去表达。因此，简单地从句子类型的差别出发，单一地运用语调去处理多样的文本是我们将丰富的内容简单化、情绪化、固定化了，无法满足丰富多彩的语言表现需求。

第二，色彩与分量的关系。语气中具体的思想感情包括色彩和分量。语气中的思想感情色彩主要指是非、爱憎等，是非层面如赞扬、批评、鼓励、犹豫等，爱憎层面如热烈、悲伤、冷漠等，因而主持人要对内容谙熟于心，感情色彩才能把握得准确、贴切且富于个性。分量是指对不同语气色彩的"浓度"上的把握，这种浓度我们大致可以分为重、中、轻，当然两个相邻维度之间也是有丰富层次的，不能简单地以"三度"来划分，这样很多文本、语句、情感、情绪就容易表现得僵化，要视具体的语意和自我感受找到最佳的分量。

第三，把握语气的三个层面。①具体的思想感情是语气的灵魂。也就是说语气的变化、色彩、分量、情绪的呈现不能简单地以句子的类型决定，句子的类型可以影响语气的表达，但是不能决定语气的表达。必须要摒弃简单论的原则，而应该从上下文，从句子的具体情感和要传递出的目的出发，让思想情感成为语气的主要依据。②声音形式是语气的外形，是一种情感的载体。通过全文、上下文、单个句子所理解、感受、挖掘的语气还停留在"内化于心"的状态，在此基础上还需要进一步"外化于声"，借助声音载体来"形塑"这种思想感情,否则再饱满的内在情感也不足以感染受众。③语气以句子为单位。就是说一个作品是由多个段落、句子构成的,段落与段落之间是有关联的,同时句子与句子也是相互关联的,它们构成表达中心的多样感情。因此,我们也要看到在表达语气时"句子"在关联性的同时还具有个体性,即这一句话所要传递的感情、思想与情绪是什么。

63 "语势"的类型和表现形式都有哪些?

对于语气的呈现首先要有内在的情感理解、感受和把握,因此,它也需要外在的、多样的表现形式,从而给丰沛的内在情感以灵活、准确、多维的承载空间,即如何将内在情感积累"外化于声",从而让广大受众能听到、感受到并理解,这样的表达才具有吸引力和感染力。有时候,我们即使没有听清楚对方具体说了什么,但是通过观察对方的语气也能大体感受到表达的情绪,因而可以说语气在表达之中确实承担着非常重要的作用。因此,表达的语气就有多种多样,这种类型和层次的丰富性就赋予了语气多元的表现样式,我们将这种样式称为"语势",大体可以分为五大类。

第一,波峰类。波峰类的"语势"呈现出抛物线的基本构型,整体特征是两头低、中间高,先经过一个由低到高的过程达到波峰之后再由高到低。通过语音波形图的监测我们不难发现,呈现出标准的波峰状(即"左右对称")的还是比较少,通常由低到高、由高到低的持续性也不同,而且达到波峰之后也不是一个圆润的弧线,波峰上也有可能有多个小的起伏。也正因为如此,在利用这种波峰语势的时候表达才千变万化,才更具欣赏性。

第二,波谷类。波谷类的"语势"呈现"倒置"抛物线的基本构型,整体特征是两头高、中间低。与波峰类相似,具体运用的过程不是一种光滑波谷的波形,中间会涉及诸多的音高、音长、停顿等表现手法,但是它的整体趋势是波谷形,一般情况下表达的重心在句首或者句尾。

第三，上山类。上山类的"语势"特点是开始较低，然后开始上升，这个上升可能是缓慢、平稳的逐渐上升，也可能是在情绪爆发瞬间的急速上升，表达重心通常在结尾。在利用这种上山类语势的时候，要注意尾巴不能散，要有一种以"收"代"出"的完成感。

第四，下山类。下山类的"语势"特点是开始较高，然后开始下降，句尾相对较低，这种下山类的语势依据表达的意图既可以字字下行，也可以是曲折迂回下行，从而表现一种情感的多变性。

第五，半起类。半起类与上山类类似，但是又有所不同，上山类是句首较低然后上升至相对较高的位置，半起类是句首较低逐渐上升，而后上升至中途的时候就不再上升了，所以称为"半起"，常给人一种"声停气未尽""声停情未完"的感觉，是一种比较巧妙的表达技巧。

64 理解"节奏"的四个关键环节是什么？

在播音主持中，"节奏"是由整个文本生发出来的，创作主体思想感情的波澜起伏所形成的抑扬顿挫、轻重缓急的声音形式的回环往复。可以说"节奏"是创作者对作品的整体性把握，这个整体性既包含内容的整体性、情绪的整体性，也包含表达的整体性。它既是一种情绪的内在涌动，也是一种外在的重要表达手法。内在是"节奏"的确立、把握和变化要与表达内容、主旨和情绪相互协调统一，融为一体。外在是"节奏"的呈现要符合表达需求、表达目的和受众对内容的接受。对于"节奏"的把握可以从四个关键环节重点说明。

第一，何谓"回环往复"？"回环往复"是播音节奏的核心，对于"回环往复"的理解不能简单地按照一种有声语言的固定波形来理解，如呈现规律状的固定速度、固定高度、固定波峰、固定波谷反复黏贴复制，这种黏贴复制来回相同的方式只能叫作表达的"多次重复"，而不能称为"回环往复"。"回环往复"的本质在于它是一种有秩序、有目标、有侧重、有节制的律动,是对于作品中的思想感情、关键语句、重点段落的多次呼应、关照和回应,从而通过有声语言的艺术手法和艺术特性达成一种"相似的声音形式",从而达到有声语言的创作特性,这些"相似的声音形式"的"回环往复"构成了表达的节奏特征。

第二,节奏呈现形式的多样性和融合性。创作者在对作品有了充分的情感体验和情感认知之后,就要找到一种与之相互匹配、对应的声音外在关系,否则这种情感就没办法得以完整且准确的呈现。单一的、线性的、固定的表达和腔调无法承载丰富多彩的内在思想感情,这就需要我们表达的节奏不能一成不变,而必须是流动的、鲜活的、生动的。例如,语流表现中常用的抑扬顿挫、轻重缓急、高低强弱、慢停快连等不同策略,它们之间要形成一种紧密的起承、转合、连接、对比等关系,从而促成一种既有多样性的节奏外部载体,又具有一种艺术表达的内部整体融合性。

第三,节奏的变化要有扎实的内在依据。外部语流形式的丰富多样、层次多变不应该是空穴来风、凭空想象的,不能为了炫耀技巧而运用,也不能不明是非乱用技巧,所有的技巧都应该是为内容服务的,是情到深处的一种自然而然的流露,是一种非说不可的创作愿望,也是一种从内而外涌现出的情感本身。因此,节奏的呈现一定是以整体的情感脉络为依据的,是内在的情感流动迫切呼唤一种外在的形式变化,这样的情绪、节奏变化才是真实的、真切的和有据可循的。

第四,整体性而非个体性。"整体性"是说节奏的确立要立足全篇,由播出目的和作品主题所统领,也就是说一部作品的节奏确定了,那么它的表达基本就是稳定的,同时稳定中也会有各种内部的变化孕育其中。节奏不会因为个体的某一段落、某一句话、某一个情绪而发生大的波动,这种变化可以体现在具体的语气之上,以此来表现某种强烈的情感,但是节奏具有整体篇章的大局建构性,是不能随意变动的。

65 如何建立准确有效的"对象感"?

"对象感"是播音主持三个内在技巧之一,建立对象感就是要"眼前无人、心中有人",我们要和心中的"主体受众群"以什么样的感觉去说话,从而建立良好的主持人和受众连接的关系和纽带。建立准确有效的"对象感"其实就是在语言表达之前和语言表达之中完成两件事:一是对谁说?即我们要面对的观众是谁?这里的"谁",指的不是他的具体名字和样貌,而是可以有一个大致的年龄、职业、性别、素养等基本层面的认识,这个群体可能是多种类型共存的,不是单一的,所以我们可以用"最大公约数"的准则建立一个"主体受众群",所谓"最大公约数""主体"就是能囊括大部分的受众及其特征。二是怎么说?面对不同的年龄、性别、职业等受众,我们可能还要对表达方式进行调整,依照受众的主体特征有所变化,以此适应不同的受众需求。在这里我们从三个层面阐述如何构建有效的"对象感"。

第一,学会合理想象构建"主体受众群"。播音员主持人很多时候是在录音间、演播室对着话筒或是镜头完成节目录制的,因而缺少与现场重要的观众群体的互动,也缺少了必要的现场氛围。这时候如果播音员主持人不通过自我构建,就很难在没有观众的情况下,通过话筒或是镜头表现得积极和贴合,可能会不自觉地在状态上有所欠缺或者把专注力放到了稿子本身而影响节目效果。因而在没有观众的情况下,播音员主持人要通过合理的想象,构建主体的受众群,要在头脑当中构建一个相对真实的、鲜活的、生动的受众群体形象,心中、脑中有了受众,我们就知道该对谁说,怎么说,说成什么样了,这是一种虚拟条件下的真实的互动关系。构建的"主体受众群"可能不会面面俱到,但是一定不能缺席。

第二,了解受众外在和内在特征。当我们确立了"主体受众群"之后,其实更多要思考的是这个"群体"的显著特征是什么?如他们所习惯的语速、语态、语调、表情、态势语等,然后据此做出必要的调整。如少儿节目面对少儿群体,应该尽量呈现出活泼亲切的交流语态,饱含童真之情;军事节目依照"主体受众群"应该呈现出严肃、端庄、严谨、大气的整体风格。

第三,确立自我身份及与受众的关系。就是在表达的过程中明确我是谁?我应该更多地以什么样的身份与受众建立互动和关联。是传播者、分享者、讲述者?还是陪同者、引领者?等等。确立好了双方清晰的关系就给语言表达提供了一种内在的源流和动力。

66 "情景再现"要注意的几个问题是什么?

"情景再现"是依据表达的内容在头脑中快速地建立与内容相互映衬的环境、场景、情景,从而能够通过在心里搭建的"语境"与内容之间产生情绪的共鸣和语言的真实感。"情景再现"使得表达的内容(不论是有稿、还是无稿)在情绪、语态上有了表达依据,表达不再是"就事论事""就稿播稿"而是"触景生情"。从相对真实的"语境"之中去提炼,它的核心诉求即通过"情景再现"确立"感同身受"的真实情感,找到具体的情感依据和脉络,从而在表达的过程中达成一种身、心、脑的多重统一。在这里要提示的是在运用"情景再现"的过程中需要注意几个问题。

第一,"情景再现"中的"情"与"景"都应该是具体的,不应该是模糊的。首先,我们要在备稿的过程中谙熟表达内容的场景、情感、语意等内容,在头脑中以"艺术幻象"的方式搭建某种符合内容的典型场景。典型场景就是给了我们一个相对真实的"对话场域",主动地去营造了一种说话的环境和氛围,能够帮助我们快速地融入稿件及其情感深处。其次,要在典型场景之间感受作者的写作"情绪",例如戴望舒的作品《雨巷》中是彷徨和彳亍,是寻找与新生,这种情绪应该是进入作品的一个切口,再如戴望舒的《我用残损的手指》中的典型场景中应该是"苦难"与"信念"的真实情感。所以,我们要主动地以"情景再现"增强内心的丰沛感受,正所谓"心中若有桃花源,何处不是水云间"。

第二,"情景再现"是动态的,而不是静态的。"情景再现"应该是一种流动的、连续的画面而产生的不同情感的巧妙变化,它应该犹如电影中的镜头一样,随叙事和内容的共同推进,场景是变化的,情绪情感也是变化,所以"情景再现"不应该仅仅是一张张图片在头脑中闪现,我们更希望它是一种如涓涓细流般娓娓道来的动态故事。语言虽为听觉,但是一定要有听觉上的"视像感",语言的表达才能依据动态场景(是大全景,全景,还是特写?)、情感(是失望,是迷茫,是激动,是欢喜?)的变化有真实的表现。在这里还要强调的一点是,在备稿的时候我们可以想象多样、丰富的情景从而去激发情绪,而在实际播讲的过程中大可不必将备稿时的所有场景再重复上演一遍,只需要重点抓住备稿时的典型情景所引发的"关键感受"即可。因此,播讲过程中的"情景再现"不要求"全而满",而需要具有"典型性"。这就要求我们,在播讲之前就要清楚地知道如何依据内容让"情景再现"详略得当、有的放矢、有主有次、有舍有得,从而更好地突出重点和主体。

第三,"情景再现"是连续的,而不是断裂的。表达内容的完整性其实在一定程度上要求我们表达的"思维活动"也是一个连续的、完整的过程。内容可能有叙事、有推进、有高潮、有转折、有低谷等,并不是只有高潮才有"情景再现"。其实不管是哪一种叙事的过程,都有其内在推动心理情绪的动力,只不过有的显现出来得更强烈、更饱满,有的则相对更平和、更生活,所以只能说"情景再现"所带来的外在叙事形式、浓淡有区别,但却是一直贯穿于表达的全过程,不应该时有时无、时清晰时模糊,否则就容易产生情绪上表达的断裂感。

67 如何理解"内在语"的功能与特性?

在有声语言创作的过程中,有时候文字本身与深层的创作逻辑及目的之间并不是那么明朗和显而易见,这时候如果只是简单的见字出声,没有理解文本背后更为深刻的意义,没有理顺句子与句子之间的相互关系,没有搞懂个体句子之于整体文本的情绪和作用,那么语言表达就会显得语意不明、关系错乱、情绪失位,自然就很难传递出作品的表层与深层含义。

所以,面对较为复杂、多样的文本我们需要一种内在的逻辑、态度、情绪上的勾连与凸显。其一是让句子在表达之间发生某种必然的关联,即挖掘句子内部、句子与句子之间的内在含义;其二是让个体句子冲破文本的禁锢和不确定性,以"内在语"的方式将隐性的线索表达为显性的语言链条。因而说"内在语"是我们处理文本内部"弦外之音""话里有话""潜台词"的内在表达技巧。对于这一概念我们可以从如下几个层面去深入理解。

第一,表现一种内在逻辑。有一些文本为了书写上的流畅、美观、简洁,就常常将一些呈现句与句之间相互关系的"连接词"省略了,这种相连句子之间可能是因果、递进或是并列关系等。而这种句子之间的关系与内在逻辑却是文本表达的内在隐含线索,如果不假思索的简单地按照文字表面去衔接,那就很可能造成关系错位,从而让人不易理解,或者还会造成与原意相反的表达效果。因而在面对较为复杂的句子时,要去努力寻找和确定它们的内在意义和逻辑关系,从而把握播讲主线,帮助受众更好地去理解和接受。

第二,传递一种表达倾向。当我们进行有声语言表达时,若想准确、清晰、明朗地把这句话的实质表达出来,我们就要利用不同的策略凸显句子中的核心与主旨部分,从而让同一句话能够达到传递具有某种高度指向性的目的。外在表达技巧中的"重音"就是常用的链接"内在语"的一种方式,例如"明天十点钟我请客吃饭",这句话有几组关键词:①日期是明天;②具体时间是十点;③主体人称是我;④目的是吃饭。如果单纯从文字本身来看的话,我们大概知道了这件事,但是事情的缘由、重点却不清楚,也就是说缺少了一种"意义暗示"。那如果用重音的方式链接"内在语"放在"明天",那这句话的言外之意就是吃饭日期是明天而不是今天也不是后天,大家别记错日子了。那如果用重音的方式链接"内在语"放在"十点",那这句话的言外之意就是吃饭时间是十点而不是十点半,也不是十一点,请大家都不要迟到。同理用重音的形式链接"内在语"放在"我""吃饭"等词语上,所要传递的表达语意和倾向就又不一样了。

第三,渗透一种情绪态度。有时候"内在语"也暗喻着一种强烈的表达态度指向,这时候"语气"就可以作为链接"内在语"的外在技巧,也就是说同一句话,用不同的语气表达,所传递的内在含义、潜台词是千差万别的。例如"你可真聪明",它所传递出的情绪态度既可以是褒奖赞叹,可以是讽刺嘲弄,也可以是贬低不屑,这就是通过"语气"不同状态的呈现链接着不同意义的内在含义,文字本身没变却深刻地渗透着某种表达者的态度和情绪。

68 "内在语"在运用上的两大主体性原则是什么?

在理解了"内在语"概念与内涵的基础上,如何运用于表达的实践中呢?这中间需要遵循哪些主体性原则呢?在这里我们提出了两大主体性原则,即少而准和短而快,从而帮助我们在整体上对"内在语"的使用有一个清晰的认识。

第一,少而准。在"内在语"问题的把握上容易出现两个极端现象,其一就是彻底忽视"内在语"及其运用,只对文字本身进行加工、处理和再创作,缺少了必要的对文本内部互动关系、语意变化的深层次把握,这就容易造成在有声语言创作中的层次不清晰、语意不明确、逻辑关系不得当。其二就是在学习了"内在语"之后对概念及其应用的过度化,本着既然"内在语"有助于语意表达内部逻辑的勾连,同时又能够表明态度、增强交流感,那索性就"多多益善",把每一句都增补上"内在语",其实这也是大可不必。因为文本稿件之中有一些语意、态度、目的是明确、外化、显而易见的,是可以通过文字本身传情达意,因而就没有必要句句都有"内在语"。同时,如果句句都去找"内在语"的话,就会把前期准备和创作实践之中的大量时间和精力都放在"内在语"上了,从而忽视了有声语言创作时其他层面的问题,导致顾此失彼,同时也不符合有声语言创作的一般规律。

所以,我们提出"内在语"要少而准。"少"就是不可没有,但也不能太多,要视具体的情况把"内在语"的呈现放在重点句、难点句、语意不够明朗、容易引起歧义的句子之上,而后通过"内在语"的内在表达技巧深入挖掘其本质含义。"准"就是还是要以文本内容、中心思想、表达目的为依据,充分联系上下文,挖掘深层含义和表达目标,不能简单地以单独的句子判断内在语。因而"准"是准确的判断哪些是重点、难点,哪些是需要特别加以艺术化处理,从而使得有声语言的创作语意更清晰、简洁,目的也更明确。

第二,短而快。"内在语"作为一种重新组织、结构原有文本表达的内在技巧,常出现在句中或句与句之间,从而再次明晰词语、句子、段落的表达意图,所以"内在语"将句子内部、句子与句子之间重新赋予或并列、或递进、或因果、或转折、或假设的关系之中,使得相对含糊的语义关系在逻辑上重新了然于胸。因而"短"的意思就是我们赋予的句子内部、句与句之间的内在语,不能是句子,基本是转换性词语,如因为、所以、然后、即使、虽然、但是,同时也可以是一些简短的动词,如听、看、瞧等这一类具有明确行动性的语言,目的就是起到"连接""转换""递进"等作用,从而达到阐明某种具体语意的效果。如果"内在语"太长、太复杂、太啰嗦,其实是在一定程度上影响我们正常表达的,不但不会帮助我们确立内在语意关系,反而成为一种有声语言表达上的绊脚石,还会造成语意不连贯等问题。

"快"就是我们对于"内在语"的感受和呈现,一定是一个直接、快速、迸发的过程,当我们确定了"内在语"之后,表达的过程就是一个"瞬间感受"的即刻呈现过程,把握其中的关系,理清其中的情感,从而快速地带出后面的语句。因而,不必完全把内在语的内容在心里读出来,这样反而割裂了语意的外在呈现,也影响受众的理解和听感,要重在领会"内在语"的勾连作用和情绪呈现,从而起到快速参透、连接语句内外关系的作用。

播音主持 100 问

69 如何让语言表达"轻盈"且"有力"?

播音员主持人的语言表达是一种面向大众的带有艺术性的语言呈现方式。这就要求播音员主持人的语言是区别于日常生活语言,要形成一种自然的、有亲和力的,同时还要"轻盈"且"有力"的声音。对这个问题的把握,很多人常走向两个极端:其一,片面追求语言的"轻盈"而不敢用力,从而使语言的表达随意、无力、不积极主动;其二,错误地追求"有力",简单地认为身体或者是口腔内部用力就能使得语言"有力",从而造成用力过大导致口腔肌肉僵硬、说话笨拙。这两种极端的表达方式都不能较好地完成播音主持有声语言的创作,那如何让播音主持语言既"轻盈"又能"有力"呢?我们从以下三个方面进行阐述。

第一,身体的弱控制。语言表达主要是口腔、胸腹部的综合作用,发声器官的过度紧张会刺激身体的紧张,而反过来身体的过度紧张也会影响发声的整体效果。如果在说话的过程中身体过度紧张就会促使发声器官自身失去控制,身体作为一个整体势必影响口腔运用的整体效果。所以在开口说话之前一定要对身体有一个整体的认识,即弱控制。弱控制既不是不控制也不是强控制,不控制会使得身体软绵绵,没有精气神,也失去了说话的内生动力;强控制又会把身体的专注力都放到身体上,用了"蛮力",身体过于紧绷不利于说话的自然和流畅。因而弱控制就是在放松的基础之上对身体有一个整体性"调度",在生活中身体是灵活的、自如的、放松的,同时在舞台上它又是挺拔的、端庄的、有主动意识的。

第二,大脑的弱控制。大脑是表达过程中的思维信号来源,提供必要的思考、说话的方式。首先,表达的过程中大脑应该是有一个连续的、流动的、清晰的思考过程,给语言表达提供持续的信息源。其二,一旦进入了表达的状态,大脑就不应该胡思乱想、左顾右盼了,不要让杂念影响大脑的思考和运转,不人为地给大脑增加太多的运转负担。其三,大脑要时刻保持清醒和灵活，要适当关注内容的输出和反馈层面，及时准确地接收观众或者自我的反馈，做出表达的必要调整，因而大脑的弱控制就是要给表达中的大脑"减负"，舍去不必要的运转负担。

第三，口腔的弱控制。口腔作为发声最直观的器官，口腔的松紧张弛对表达起着关键作用。往往很多人觉得上台时要拿出最好的状态，要比平时状态更积极，因而用加大口腔力量的强控制方式获取好的表达状态。但是口腔是一个比较敏感的器官，当我们给了口腔内部、外部太多的压力时反而会让其突然变得紧张和僵硬起来（如软硬腭僵硬、舌头僵硬、下巴僵硬等），也失去了口腔内部的灵活性而产生的语言弹性。如此表达虽然"有力"，但是这个"力"是笨拙、不轻盈、不流畅、不自然的。所以，不要因为要上台而故意给口腔增大力量，而是要找到口腔内部最舒服、最自然的感觉，即用口腔弱控制找到一种内外的平衡，所以说有时候口腔内部巧妙的弱控制力量反而会让发声更轻盈有力。

70 说话太"垮"怎么办？

有些学生受方言区说话习惯的影响，总是在普通话的音、韵、调之中带着某种地方说话特点，如吐字不饱满、归音不到位、太慌张，抑或气息给得不合适，而呈现出语言的松垮，影响语言表达的品质和美感。对于这一问题，我们从以下五个方面进行分析和阐释。

第一，发声器官的运动幅度过大，造成唇舌笨拙，缺乏弹性。有一些人在吐字发声的过程中力量过分地集中于口腔的发音器官，有时候还给了大力、蛮力，当发声器官动作、力量太过夸张的时候，用力就会失去弹性，也失去了发声器官之间的相互配合，从而咬字生硬，转折之处不够自然流畅，造成声音很"垮"。

第二，口腔内部空间太"扁"，撑不起字的圆润感。就是吐字发声过程中口腔内部没有上下打开，没有营造立体的口腔吐字发声空间。如果口腔没有纵向的空间，那它自然要利用横向空间了，而口腔横向用力就拉长了吐字的横向维度，从而失去了吐字的纵向维度，所以整体吐字发声的过程就被横向压扁了，说话就有一种"垮"的感觉。

第三，嘴唇主导口腔的动势。嘴唇没有依附、靠近牙齿形成一种合力，而是嘴唇脱离了牙齿的"唇齿相依"，成为整个口腔内外的主导力量，吐字发声的力量就会前移，嘴唇的力量过度集中就无意识地增大了嘴唇的活动积极性和运动幅度。口腔内的力量成为附属，嘴唇变为活动主体，因而就会嘴唇噘着、拽着、拉着口腔说话，说话也会有一种"垮"的感觉。

第四，气息的路径不对，没有轻盈地沿着上腭吐出去。即气息的路径走的不是从口腔沿着软硬腭交界处，然后沿着硬腭的路线再喷弹出来的过程，而是气息先往后走，到达软腭之上，然后再沿着软硬腭往前出发，所以气息的路径也开始拐弯、拉长、压扁，声音就会受到这种气息的影响而产生某种地方口音。

第五，归音太急，吐字发声发到"半音"的过程就开始往回收尾音，把该吐出来的气吞了回去。归音处应该在整个音节的尾巴处，让尾巴的音节能够拖住、拽住，是一个有相互作用力的关系。但是一部分人受到特定地域的影响，习惯字音咬到一半的时候用"强处理"进行归音，从而整个完整的音节没有形成，只呈现出了二分之一，或者三分之二的音节音长，音节缺少了一部分，所以听感上就觉得有一些"垮"。

71 吐字发声太"笨拙"怎么办？

播音主持应该是一个自然、流畅、灵活的语言表达过程，灵活的口腔及发声器官的处理是语言自如的基础。在实践过程中确实有一些人说话不够灵活，总感觉口腔、发声器官不受控制、不够流畅，说话不够自如，缺少一种细水长流、娓娓道来的流畅感,听感上总觉得口腔、发声器官跟不上思维的节奏,所以给人一种吐字发声"笨拙"的感觉。有时候这种笨拙还会造成吃字、漏字、说话不清、归音不到位等现象。大致总结了一下吐字发声"笨拙"主要是以下几个原因造成的。

第一,身体过于紧张,发声器官跟着一起紧张,缺少了必要的活动弹性。当发声器官失去了运动的弹性之后,很多通过发声器官之间接触、滑动完成的音节就很难完成,声音呈现出一种反向的"颗粒状","颗粒状"音节之间的连接就没有那么平滑,字与字之间的连接就会显得不够顺畅,而是"蹦字","蹦字"又会影响语流的形成,所以说话就感觉"笨拙"。

第二,软腭挺得太高,失去了口腔内位置的灵活变化。挺软腭是打开口腔的必要环节,但是软腭"挺"的分寸是有要求的,挺得低了口腔就没有上下打开,缺少一种纵向的发力空间,挺得高了又会把口腔内的力量都集中在软腭上,软腭的过度抬高又会"拉扯"硬腭、声带、舌根,造成整个发声器官运动僵硬,口腔活动的受限也会造成说话"笨拙"。

第三,口腔横向发力,失去了口腔纵向的立体活动空间。口腔横向发力、咧嘴说话其实在一定程度上破坏了吐字发声的口腔平衡状态,将口腔从一个多面力量的状态"降维"到左右两个维度,口腔内部失去了可以互动的上下、前后的位置和空间。很多字音由于口腔内部的空间受限,舌头就没办法找到合适的位置,很多音节发出来就会慢且不准,时间上的转换慢、舌位的不准确就会造成说话"笨拙"。

第四,舌头用力过猛,没有把握好通过舌位变化所起到的"四两拨千斤"的作用,即如何又放松又有力,也就是不能用蛮力,要用巧劲。舌头的问题主要是吐字过程中声母和韵母既作为一个整体,同时也要有一种"声、韵"独立意识,因为声母和韵母的吐字要领是不一样的,声母需要有力,所以通常是喷弹有力,发声器官力量集中;而韵母通常是要松弛,因而要顺势滑出,发声器官的力量整体均衡。从声母到韵母要有一个从紧到松的"瞬间释放"过程,这样就灵活了。所以如若舌头过于用力,声韵母都用同样的力度呈现,自然就是用力过大,缺少过渡和变化了。

72 总是"端着"说话该如何解决？

"端着"说话是播音主持专业初学者比较容易出现的问题，它产生的原因有以下几个方面：①说话的过程中身体非常紧张，尤其是肩颈部位出现了明显的紧绷感。②一些人还会通过"端着"说话的方式刻意追求一种语言表达的庄重、浑厚和饱满，包括追求这种口腔共鸣的效果，但是这种"端着"说话的声音听起来就难免有些生硬、做作，从而显得不够真实和真诚。③可能这一时期正处于播音发声学习的"初级阶段"，对于所学的理论知识运用还不够熟练，但是又要努力地去找到"播音主持"的感觉，所以就只能用比较刻意、夸张的方式呈现"字正腔圆""大珠小珠落玉盘""声挂前额"这些发声技巧，就难免会给人"拿腔拿调"的感觉。④表达之前就给了自己一种错误的心理暗示：我是主持人，我是播音员，我要开始播音了，我要开始主持了，所以一定要先"起范儿"。这种"起范儿"是努力确立一种与日常说话不同的"主持感"，以此来呈现主持人的专业性。⑤可能是说话缺少对象感，心中缺少了交流的对象，不知道要跟谁说，因而就沉浸在了自我"表演说话"的语境之中了。

对应上述常见的问题，解决"端着"说话可以从以下几个层面进行调整。

第一，调整好说话时的心态，过度的情绪紧张就特别容易造成身体的僵硬，而身体的僵硬又使得口腔及双唇过度紧张。有的时候我们就是太把表达当个"大事"了，太想说好了，太想说得完美无缺了，因而在说话之前就产生了极大的心理负担。

第二，不能通过错误的方式加强语言的品质和特色，也不一定非要盲目、片面地追求所谓的"宽音大嗓""低音炮""浑厚""磁性"的声音状态，而是要努力用系统的方法建立科学的说话方式。

第三，播音发声学习的"初级阶段"，就是要反复锤炼和试错，积极去感受、揣摩、思考自己说话的最佳状态。"放松"与"控制"口腔内部的发音器官，不要给它们过大的表达压力，才能让这种"播音状态"表达的自然、自如、平和又舒服。

第四,不要"起范儿"。不要"起范儿"的意思就是不要把播音主持的工作当作一种"文艺表演",要努力回归它的新闻属性,回归表达的本质即沟通与交流,积极在心理层面描摹受众的群像,用平和的方式、明确的思路、充实的内容去完成与受众的交流和对话。

73 如何增强声音的"层次"和"弹性"?

在具体的语言表达实践中,不难发现有一些人在表达时在内容上能够做到滔滔不绝以及井井有条,但让人感觉在语态、方式、层次以及节奏上太过平淡、没有吸引力、没有表现力,缺少语言表达中所必要的声音"层次"和"弹性"。这种表达上的平淡往往容易将很多重要的内容、观点淹没于千篇一律的表达样式中,有时还难免会让人觉得内容冗余。

这种表达上的没有层次、缺少弹性,主要表现为声音总在同一个高度,没有根据具体的语境、内容、需求等形成多样富于变化的"语形"。"语形"是一个外在的语言考量系统,具体可以参照录音软件中的声音波形的概念,所以"语形"不应该是一条四平八稳的直线,应该是变化有序的"波线"。在实际的运用中常出现以下三个问题。

第一,声音过高,始终处于声音的高位说话,即"语形"一直是处于高位的直线。这一类问题的根源是,言者错误地认为积极的表达状态、强烈的表达欲望、认真的表达态度就体现在了一直在"高声"区顶着自己说话,将声调的被动拔高错误地等同于表达状态等,从而造成说话时间一长声带就会持续充血,也容易疲劳,从而影响发声器官的健康。另外,如果一直用"高声"区说话,受众听得也比较容易累,情绪也会变得紧张,会缺少必要的交流感。

第二,一直是中声区、低声区说话。持续的中声区、低声区表达会给人造成一种听感上的单调、乏味和沉闷,缺少了必要的变化和层次丰富的多样性。持续的中声区说话会让说话没有重点,没办法把信息中那些重要的、特别关注的东西"拎"出来，最容易造成的就是表达的内容不是一层一层的、一段一段的，而呈现为"一堆""一坨""一片"的感觉，很容易让受众摸不着头脑。

第三，一直是"实声"。声音的层次与弹性不仅是声音的高低问题，有时也表现为声音的"虚实"问题。语言表达中，有时候还需要根据语境和内容，巧妙地运用"虚声"以及"虚实结合"的声音，丰富声音的外在层次。

基于上述问题，我们希望听到的表达应该是积极的、清晰的、自如的、多样的，这就需要我们在具体的表达中运用好声调的"高低配合"，语态的"张弛配合"，节奏的"快慢配合"等，从而增加语言的"弹性"，让表达的"弹性"助力语言的层次推进。因而，在这里要着重训练的是声音的"弹性"问题，即有意识地练习和发掘自己更多的声音表达域，让不同音域的声音能够相互交错，浑然天成。

首先，可以单独训练自己声音弹性的区间意识，如练习说"伟大的祖国，伟大的人民"，想象它的音域在不同的位置：①最低：想象声音在地下车库的高度，训练声音和气息如何往下走，不压喉，但是同时又能保证声音低沉且积极有力；②较低：想象声音在地面的高度，训练从地下到地上一个梯度的变化，如何控制口腔和喉咙，还能让它和最低的声音有区别；③中声：想象声音和我们的身高齐平，中声区如何自如、稳定、流畅地进行表达，找到中声区说话的自如感，毕竟中声区还是最常用的音域；④较高：想象声音在 3 米的高度，如何让气息托住声音，扎实、平稳地给声音一个向上的力量，这个音域也是较为常用的，所以要熟练掌握；⑤最高：想象声音在 5~6 米的高度，要利用一定的技巧把声音"托"上去。

这里还需要注意两个问题：①即使在这里称最高音域，但是它一定不能是声音的极限位置，必须还要保留 2 分左右的实力，否则 10 分力全用出去，非常容易出现声音的劈裂问题，因此一定要在这种相对极端的处理方式中给自己留有足够的"安全距离"。②最高的音域其实在日常主持、播音、表达上都比较少用，但是在文艺作品演播中，有时为了增强气势、渲染氛围、表达愿景用得相对比较多。

在日常的表达中最常用的还是较低、中声、较高音域之间的转换，因而在熟悉了个体音域之后还要训练三者之间的转换，要做到自然、贴切、柔和，让每一次的音域转换都是为了内容服务。

74 如何增强声音的"表现力"？

在生活中，我们发现有些人表达饱满、圆润、丰富、自由，对于不同内容的处理和创作都能游刃有余并且极具表现力和感染力。相反也有一些人的表达平淡、干瘪、单调且吃力，在表达的过程中总觉得词句间生涩，语言缺少必要的内外在共同的叙事和表达推动力，在技巧的运用上也不够从容和自然，因而在表达的过程中就显现出了"表现力"不足的问题。导致表达缺少"表现力"的原因有很多，我们大致总结归纳了以下几个主要原因。

第一，声音的路线问题。声音的路线问题在声音"表现力"层面起着关键的作用，是非常重要的环节。我们见到很多人更多的是在声音的外化表达技巧上使劲，而没有探究声音在口腔内的运动路线是什么样的，以及为什么是这样的路线，这种声音路线的优势和问题是什么？大多数人的声音路线是从声带发音之后经过唇舌等器官的处理然后从口腔中出来，也就是"声带—口腔—双唇"是一个三位一体的直线路线。简而言之，声音的路线是"直进直出"这种简单的"线性"，因而缺乏必要的处理的过程，就难免让声音比较平淡，或者说这种"声带—口腔—双唇"三位一体的线性路线太短、太单一了，还没来得及对声音进行加工处理，它就从口腔里吐出去了，自然就失去了它必要的声音色彩。

在这里，我们要想象一种"化直为曲"的路线，即声带发音—口腔处理之后，不要立即从口腔里吐出来，而是要沿着上腭的路线走一条弧线，然后再从口腔里吐出来，要感觉声音是"抛"出去的，而不是"砸"出去的，这条中间改变的"弧线形"路线比之前的"直线"路程使声音变得更加饱满和圆润；其次，在路程上拉长了，给了声音足够的时间去丰富和处理，简单地说，就是要让声音在口腔里"翻个跟头""打个滚儿"，然后再吐出来，让声音在变化中获得饱满和表现力。

第二,声音的共鸣问题。有些时候,口腔内部没有打开,造成口腔内部发音器官的活动空间较小,唇齿舌没有足够的活动空间,也就没有形成准确的音位。同时口腔内部的空间过小也容易造成声音发扁,说话不清。这个问题可以尝试纵向打开口腔,扩大声音的表现空间,同时增强口腔的共鸣,能让声音在被形塑的过程中起到事半功倍的效果。

第三,声音的情绪问题。语言"表现力"其实不仅仅是语言自身的问题,它一定需要内在和外在的合力共同完成,因而片面地强调技巧上的要领和技术性其实也是不够全面,单纯地靠声音只能营造一种"表现力"的假象,也是不持久的。因而外在表现的支撑和前提,还是应该主动、积极地调动自我的情绪,根据表达内容自我调节情绪,协同外在发声方法,共同呈现出表现力,这才是比较有效、科学的方法。

75 为什么表达已经非常卖力了但仍感觉"不到位"?

在播音主持的语言表达中,尤其是初学者确实经常会遇到一个问题,表达时已经非常卖力,把自己说得很累了,甚至是用尽了"洪荒之力",但是表达的效果却总是显得"干涩""吃力""不到位""差点意思"。

其实,表达是一个综合的过程,或者说是一个"双向奔赴"的表达合力共同作用而完成的过程。单纯地靠外化的语言层面是不够的,它需要外化的语言和内化的情绪相互作用共同完成,或者说优质的表达是需要语言和情绪的双重翅膀完成的。它们之间相互作用、相互补充、相互依靠,从而形成了一种表达的"巧力"。

在表达中,情绪是语言呈现的"根基",是有力的内在支撑,它能够真实、真诚、灵活、多样地帮助语言外化出不同的样态,即在表达中是"情绪带动着语言来说话的",它承担着语言表达中近一半的"内力"。但是在实践的过程中,占据了表达"半壁江山"的内在情绪很多时候却是被忽视的,呈现出了"语言带动着情绪说话"的反向次序。这种反向次序是不符合表达规律的,即一定是要先有了情绪或是感受才能去表达。

在具体的实践中,造成"情绪缺位"大致有以下几个原因:①是说话者过于紧张,顾不上情绪了,只希望流畅连贯地把话说完,就心满意足了。②说话者在表达之前确实没有太多真情实感,没有内心感受,因而无法呈现出来。③在语言和情绪相互配合的过程中还不够自如和熟练,很多时候就只能顾此失彼,而忘了内心情绪,将所有的关注点放到了表达内容的层面。

因而,在这个过程中表达的"双重翅膀"中的"情绪翅膀"丢失了,只剩下"语言翅膀"来完成所有的语言表达的工作。所以"语言翅膀"既要负责"语言输出"又要去兼顾情绪问题,简而言之,就是一个人承担了两个人的工作。在这种情况下,语言就会显得费力且力不从心,因为它既要把话说好,又要把表达的情感部分通过语言的力量提升到与作品、表达内容相统一的层面。虽然语言层面用尽全力也不能做到周全,就出现了表达虽然"卖力",但是仍然表达"不到位"的情况。

所以,出现此类问题的人,一定要重视"情绪翅膀"的巧妙运用。它应该是贯穿、融入、陪伴表达的全过程,它应该努力给语言层面助力和增加色彩。

在这里分享几个方法,增加表达"双重翅膀"的配合。

第一,不管在面对什么语境、什么场合、什么内容的表达时,一定要去真听、真看、真感受。只有将自我融入真实的"表达语境"之中了,才能有准确的、连贯的表达情绪。

第二,努力增强对象感。很多时候的表达没有真实观众,缺少了真实场景的刺激和情绪激发,这时就要增强对象感,以"合理想象"的方式,为自己营造一个"相对真实"的表达语境,从而完成高质量的表达。

第三,在日常生活中,要努力观察社会、观察生活、观察人物、观察世间百态,在观察与思考中建立并储备丰富多样的情绪。这能够帮助我们更好地建立"虚拟语境",在我们需要不同情绪的时候,就很容易找到共鸣的情绪类型。

第四,平时要有意识地训练自己情绪与语言之间的配合,在练习过程中,让二者之间的配合成为一种习惯。

四 表现篇

76 说话感觉不够真诚怎么办？

播音主持专业的学习，就是与人打交道，是沟通、交流与传播的语言外化能力的训练过程。我们也注意到一些优秀的主持人总是能向观众娓娓道来，你甚至感觉不到他是在播音或是在主持节目，镜头（话筒）没有成为主持人与观众相互交流的屏障，反而是拉近了与受众的距离。这些优秀主持人的表达给受众最直观的感受就是在交流中身份平等、风格亲切、情感真诚、态度随和、语言自然，让受众感觉主持人仿佛就站在身旁，共同分享生活中的鲜活、生动和朴实的故事，让受众感受到了满满的真诚。但是也有一部分主持人总是让受众产生距离感，缺乏必要的情感共振、情绪同频，仿佛主持人是一个只会说话的没有情感的"机器人"，缺少与受众的情感呼应，这就难免让人觉得不够真诚。

针对说话不够真诚的问题，我们大致总结了以下几个原因。

第一，不知道"我是谁"。就是一些主持人不是真的在主持（播音），而是在表演主持（播音）。他们忽视了播音主持重要的纽带关系，即主持一定是以主持人与受众之间的交流、沟通作为前提，去真的和他们站在一起分享故事、喜悦和感动。只有当你真的把自己角色定位于"交流者"的时候，你才是你自己，你才能说"真话"，你才能把话"说真"，你才是一个有血有肉、有知觉、有情感、有态度、有立场的主持人，否则只能是一个"传声器"。因而，上述所说"表演主持"为什么不行，因为在"表演主持"过程中，你不是自己，而是别人，你的所有情感都凌驾于自我，也就无从谈及真诚了。所以，主持人的角色定位要清晰，这是主持人自我身份确立和认同的关键。

第二，不知道对谁说。即心里没有受众，因而就没有丰沛的情感表现，在不同的节目类型、不同的内容题材、不同的表达语境，主持人所面对的具体的（虚拟的）受众是不同的。有些内容有明确的受众目标（如少儿节目、老年节目等），如果不充分考虑受众群体的特征、习惯等相关问题，其实就等于将受众模糊化了，缺少了具有针对性的情感表达。因而，当主持人都不知道自己要对谁说话的时候，自然就不会有丰盈、恰当的情绪外化，也就不会让受众感受到主持人的真诚与真心。所以，针对这一点，主持人就要先想清楚，目标受众是谁，他们的收视习惯、喜好是什么，然后再做出必要的调整。在这个过程中要充分调动自我的主观能动性去进行合理的想象和类比，让目标受众的焦点更为清晰。

第三，不知道在说什么。主持人脑子里没有画面、没有内容，也就缺失了必要的说话语境。很常见的一个问题就是，不真诚的主持人在说话的时候，其实他自己都不知道在说什么，只是把稿子（提词器）上的内容"正确"地念出来而已，心里想的只有稿子，纠结于文字本身，情绪被内容本身所束缚。这个问题是主持人没有将自己的思考、想象、情绪、语言置身于具体的语言内容之中，没有跟随内容一起置身于民族奋斗的征程之中，没有置身于变幻的大千世界之中，也没有置身于火热的现实生活之中，其脑子里几乎是空白，想的都是只要词不说错就可以了，因而就难以给受众带来真诚的表达。针对这一点，主持人可能首先要解放自己对于稿子、文字的依赖，不能被文字本身所掌控，而是要从文字之中提炼那些鲜活的、生动的、火热的情感和情绪，再将这些情感带入文字之中，让文字的背后有情感依据。

第四，不知道为什么说。说话没有目的，把完成念稿当成了最终目的。还有一些主持人念完了稿子，都不知道自己刚刚念了什么，为什么要有刚才那段表达。由于在表达的过程中对内容没有充分认识和理解，因而就不知道表达的意义、作用、目标、效果是什么？从而也就不会对内容做必要的技巧上的处理，从而呈现出一种无目的表达。这就要求，不管是有稿播音，还是无稿主持，主持人一定要知道自己接下来的表达是为了什么？只有当我们自己目标清晰之后，我们才能把高质量的表达带给受众。

77　说话总"拿腔拿调"怎么办？

在播音主持学习的初期，说话"拿腔拿调"是一个比较常见的问题。"拿腔拿调"说话给受众的整体感受就是不好好说话、没有真实的情感、语态过于夸张、技巧过于生硬、听感上会比较别扭。这是初学者刚刚接触了比较多的播音主持表达技巧，但是还没能深刻体会这些技巧和方法的内涵所致，所以在实际的表达中就会出现技巧、内容、表达三者的不协调、不适应，模式化地呈现丰富多彩的文字内容。总体来说，导致说话"拿腔拿调"主要有以下几个原因。

第一，技巧凌驾于内容之上。在口语表达过程中一定要有非常清醒的意识，语言、语言表达归根到底是为内容服务的，语言技巧运用的最终目的也一定是为了更好、更生动、更自然地把内容的核心表达清楚。语言表达在这个过程中不是主角，而是一种工具的存在，既然是工具，那么它的角色就不能本末倒置，因而我们所有的表达不是为了通过某个内容来展示自我声音的浑厚、技巧的娴熟、表达的流畅，从而单纯地重视技巧而忽视内容，或者让技巧凌驾于内容之上。我们必须先搞清楚、弄明白这段文字表达的最终目标是什么，从而决定用什么样的语言方式、语言态度、语言技巧，这需要我们对内容层面的深刻把握。只有目标、意义清晰了，我们自然就会把重心放到传情达意上，让表达方式为最终的目标服务，而不是为语言本身服务。

第二，技巧用得太多了，反而事倍功半。播音主持、口语表达其实本质都是沟通与交流，就是利用我们对文本的二度创作，让文本用更好、更容易被人接受的方式呈现出来，而恰当、准确的技巧可以增强语言的感染力和表现力，给表达增色，从而深化内容主体。但是倘若技巧与内容之间的关系没有处理好，就会影响表达。我们见到最多的问题就是技巧用得太多、太频繁，用得让人"耳花缭乱"，不断地给文本做技巧上的"加法"，似乎想努力地给每一句话都添上漂亮的装饰，从而体现表达的专业性和艺术性。这种句句"精装修"的表达会让受众听着很累,所以就会产生"拿腔拿调"的听感,同时也不符合沟通、交流的本质,而更像是一种"技艺表演",起到了画蛇添足的作用。因此,技巧本身没问题,但是一定要讲求运用的"分寸",尤其是不能过度使用,真正高级的表达是要适当地给技巧做"减法",技巧绝不是越多越好,只有在那些表达的必要之处,技巧才能成为"画龙点睛"之笔,才能起到四两拨千斤的作用。

第三,技巧用得不合适、不恰当。很多时候说话"拿腔拿调"也体现为一种技巧的生搬硬套,不假思索地套用技巧。技巧的运用一定是和内容的呈现一脉相承的,它们之间应该是处于精神上的同频共振,是情感的涌现迫切地需要语言来实现,是一个自内而外又从外向内的过程,从而让表达更好地外化内容所流露的情绪。如果技巧使用得不恰当、不合时宜,其实就是破坏甚至是扭曲了原有文本的语意,不合适的技巧在不合适的时候出现,就会造成表达刻意而为之,生硬地套用各种技巧的僵化表达,从而显现"拿腔拿调"的听觉感受。

78 读稿(播新闻)读不顺,总出错该怎么办?

读稿(播新闻)是播音主持专业的重要核心技能之一,播音员主持人早期的工作职责就是及时、准确地向广大受众传达信息,因而,我们也常说播读新闻(消息、通信、评论)是播音员主持人的基本功,也是广播电视有声语言有稿创作阶段的重要内容。但是在实践中,我们看到很多学生在这一方面还是有所欠缺,最明显的问题就是句子、段落读不顺且总出错,把一句完整的内容读得磕磕绊绊,破坏了内容的连贯性。存在这样问题主要有以下几个原因,我们做了梳理和归纳。

第一,杂念太多、压力太大、不能克服心理障碍。一些同学在播新闻的过程中往往会给自己很多的杂念和心理压力,例如,我能不能播好,我会不会又读错,我的语音是不是还不够标准,我的发声吐字是不是准确?或是总给自己一种消极的心理暗示,我肯定播不好,我一会儿肯定会播错,等等。播读之前的过多心理杂念往往会造成播读过程中的压力过大,分散了对稿件处理的专注力,从而把心思都放在了与播新闻本身并没有直接关系的事情上,如此就容易出现播不顺、总出错的问题。所以,对于这类问题,播读之前首先要"祛杂念",不要去想与播新闻无关的事,而是要全力以赴、集中精力把心思放在稿件、稿件处理以及稿件的表达目的上。

第二,"备稿"不够充分。对于新闻播音来说,往往不太鼓励初学者张嘴就播,而是要做好必要、充足的"备稿"环节,这是能够播读顺畅的一个必备条件。如首先通读稿件,厘清新闻表达的目标、内核、关键,从而有重点地确立播读重心,明确播读基调等。其次,初学者可以利用各种符号、标记给稿件适当地做一些记号,如停顿记号、连读记号、重音记号、气口记号、易错音记号等,充分而有效的"备稿"是每一个播音员主持人前期都要经历的阶段。所以初学者切记不要太心急,要养成好的"备稿"习惯,不能直接跳过了这一环节开口就播,要给自己在专业能力积累的阶段多一点耐心。当然,长时间的专业训练之后,可能就不需要动笔了,而是在心里、眼里就完成了有效的"备稿"。

第三,平时读得太少,还不适应长稿。很多学生都存在这样的问题,就是没有足够的播读"量"作为专业基础,还没有形成一种长稿、大稿等内容的播读习惯,没有适应这种长时间播音的状态。所以同学们要养成"每日定量"的训练习惯,就是每天坚持播读新闻30分钟,可以选择跟读、自读等方式,总之就是在"量"的基础之上让身体、心理、发声器官逐渐去习惯、适应这样的播音方式和播音状态。"量"的积累才能有"质"的进步,也只有在具备了"量"的基础之上才能在不断地试错之间去总结适合自己的规律和经验,这是最宝贵的,也是最适合自己的播音方法,而不是简单地套用几个"小窍门",就以为掌握了播新闻的秘籍。

第四,重新确立表达"定位"。播新闻应该是一个传递信息的过程,所以对于播读者来说,它的心理基础应该是如何把事说清楚,如何把事讲明白,如何让受众能够听懂,这是我们播读的最终目标。但是我们看到一些学生在播读新闻的过程中对自身的表达"定位"有所偏差,没有把重心放在"说事"本身，而是放在了"念字"上了。所以原有的完整新闻的必要信息被拆解了，拆成了独立的字和词语，因而就没能形成一个完整的有着内在逻辑关系的话语整体，在播读的时候就难以心中有数，造成错误频出。

79 语言表达中是声音带动情绪，还是情绪带动声音？

情绪与声音是语言表达的两个重要层面，二者也有着紧密且不可分割的关系。丰富的情绪能够带来好的表达，好的声音又能表现多样的情绪。我们看到在实践过程中有人用情绪激发声音的表现力，有人用声音带动情绪的爆发力，二者在理论层面上似乎都能说得通，但是用不同的方法所看到的表达效果还是有所区别。用情绪带动声音会有一种更顺畅、自然、浑然天成的连贯之感，而用声音带动情绪往往就会有一种表达上的"吃力"，以及在情绪和语言之间缺少必要的关联性和贴合性的听觉感受，给人一种不真诚、言不由衷的感觉。因此，我们应该用情绪带动声音，那么情绪与声音之间的逻辑关系是什么呢？我们从以下三个方面来解释。

第一，由先到后，从文本到会意。其实讨论情绪与声音的逻辑关系的时候，我们是以开口说话为逻辑起点的，但是我们也一定不能忽视，不管是有稿播音，还是无稿表达，在开口之前我们都要做到心中有数，要说什么，为什么说，说给谁听，要达到什么目标，怎么说好，要呈现出一种什么样的感觉？即先要把文字稿（腹稿）的整体脉络理清楚，抓住表达的语意内核。然后快速地去理解、消化，理解和消化的过程其实就是一次深入理解文字文本（腹稿）的过程，理解稿件是我们情绪积累的必要的物质基础，也是进行语言二度创作的情绪来源，所有不以内容和目的为思考原料的语言创作都是虚假的创作情绪渲染。

第二，由内而外，情绪带动声音。当以内容、目的为基础有了真实的情绪和感受之后，我们才有了实实在在地表达愿望和表达想法，所有的语言呈现和语言创作才有了内在的动因和创作依据。因此,这应该是一个由内而外,情绪带动声音的过程,以情绪作为支撑,声音的表达便有了"根",声音不再是简单地借助外在技巧的过程,而是由"情"带"声"的自然流露。我们内心喜悦带动出来的声音就是活泼的;我们内心肃穆带动出来的声音就是庄重的;我们内心充满爱意带动出来的声音就是深情的,等等,诸如此类。

第三,由表及里,用声音映现情绪。上述所言,由情绪带动出来的声音是真实的、真挚的、自然的、淳朴的,这时候的声音虽然真实但是缺少必要的语言加工和修饰。因而,在此基础之上可以借力语言的多种内外表现技巧再一次强化声音的感染力和表现力。不难发现,情绪与声音的关系,实则是以内容、目的为基础感受的真实情绪,再以真实情绪为动力带动语言的真实、自然,同时用恰当、准确的语言技巧辅之以良好的外化表达,即好的语言是需要情绪与声音的双重条件共同完成。

80 语言呈现中是内容重要、形式重要,还是语言修辞重要?

不论是何种类型的语言表达其实都离不开内容、形式和修辞几个关键环节。有稿播音(主持)因为内容是既定的所以更重视表达的形式,但是在无稿播音(主持)中,尤其是在即兴口语表达中,内容、形式、修辞等层面都是现场生成的,在短时间内就很难顾及周全,有时会更重视表达的内容即观点的部分,有时会更重视形式即结构、逻辑关系等,有时又很在意表达的语言力量和趣味性,所以很多人会有疑问:在即兴表达的过程中到底这几个层面是什么关系?应该如何去权衡和把握?下面我们从三个层面加以说明。

第一,内容是形式的物质原料。所谓内容即说了什么,是我们要呈现出的主要的观点、意图、目的和效果的物质支撑,也构成了表达的主体根基部分。观点、依据的呈现好似房屋的房梁,是承重、支撑的作用,是房屋建造的必需品,如果没有房梁就盖不成房子,就像表达之中如果没有内容(观点、依据)就谈不上表达,只能称之为"说了一些话",它是没方向、没目的、没意义的。任何的表达都不能忽视内容,忽视内容的表达都是不合格的表达。所以在初期我们更需要把心思放在说什么上,如何简明、准确地呈现内容,而不要把心思都放在如何一语惊人,如何金句频出等问题上,要先做好扎实的基本物料储备,后面才能游刃有余。

第二,形式是内容的外在优化。形式就是在已经拥有丰富的表达物料的基础上,对表达物料所进行的进一步加工,即如何搭建更为合理的结构框架,如何设计有吸引力的开场,如何安排悬念、亮点、冲突,如何将不成体系的内容巧妙地串联到一起？它更多的是从先后关系、主次关系、结构关系等对内容做一个重新排列规划,让内容(观点、依据等)表达得更自然、更贴切、更容易被人接受,更具有魅力和吸引力。打一个类似的比方,它就像是给房子做了一个整体的装修,从而让房子的户型、格局、采光更美观、更漂亮、更具外在吸引力。所以这一点我们平时可以多注意,多记录一些媒体上的好的表达结构和设计,从中汲取灵感,再合理地运用在自己的表达之中。

第三,修辞是表达的点睛之笔。言语修辞就好比房子装修之后的摆件,能起到"锦上添花"的作用,有的时候连贯的语言修辞,恰当的语言类比确实具有相当的语言力量,能够让人印象深刻,但它不是一个必需品。语言修辞是一个漫长的积累过程,可以在平时的实践中去积累、摸索和总结,但是我们也不必盲目地迷信表达中的类比、对仗、金句频出,用这些小点缀、小伎俩去"亮瞎"别人的双眼,从而进入一种即兴表达的误区。不要单纯、盲目地追求语言的华丽性,而忽视表达的主体性,要先做一个朴实的表达者,再去做一个精致的表达者。

81 一上台主持心里就格外紧张怎么办？

播音员主持人大多数时间都是在播音间、演播室录制节目,面对的通常是摄像机、提词机、话筒以及导播工作人员等。除此以外,还有一些需要登台主持的晚会等活动的机会。登上舞台就和在播音间不同,要面对比较大的舞台空间、众多观众,以及有时还要处理一些舞台主持的突发情况。舞台主持更为贴近观众,主持工作也要相对灵机应变,这就和传统的播音间、演播室的主持工作有所区别了。即使是一些比较成熟的播音员主持人,面对每次的舞台主持还是比较紧张,在上台之前有时还会脑门、手心出汗、双腿发抖、心跳过快等。笔者倒是觉得,其实这不能算作紧张,可以称之为主持前的"过度兴奋",把握并利用好这一点,反而还会调动我们在舞台主持中的张力和现场表现力。对于这一点我们也给出三点建议。

第一,做好充分的前期准备工作。不管是日常的播音主持活动还是舞台主持,前期做好充分、必要、扎实的准备工作一定是必不可少的,也是关键因素之一,正所谓胸有成竹才遇事不慌。其实,很多时候面对舞台,我们紧张的不是环境,也不是观众,而是害怕突然忘词,突然说错话。也有一些人在上台前的一段时间,嘴里都在一遍一遍地反复背词,生怕上台之后出差错。所以打有准备之仗是克服紧张的第一良药。主持人最好依据自身的备稿能力提前预留充分的备稿时间,反复演练,做到心中有数。

第二,做好未雨绸缪的相关工作。现场舞台主持非常容易出现突发情况,而突发情况可能发生在自己身上,可能发生在嘉宾身上,可能发生在场地上,也可能发生在噪声、停电、话筒、台阶等各种问题之上,所以在正式上台之前主持人就要未雨绸缪,提前做好应对方案和应对策略。我们在电视上也看到过很多主持人在面对突发情况的时候都能机智、巧妙地化解,有时候确实是属于临场发挥,但是很多时候主持人可能提前就已经做好了相关的预案,因而才能在舞台上机智巧妙、大方应对、从容不迫。

第三,保持专注力,尽量减少思想杂念的影响。很多时候不管是主持行业从业者还是主持专业的学生,在上台主持之前总是杂念太多,自我制造了太多的主持焦虑。他们想得比较多的往往不是如何驾驭舞台、如何和搭档配合、如何找到现场感等,而是万一主持不好我多丢人,要是万一忘词了我怎么办,如果说错话了我该怎么办?所以头脑中的专注力没有放在主持活动本身而是放在了思想杂念之上,扰乱了正常的思考、情绪和状态。所以建议在主持之前还是要保持头脑冷静和克制，尽量不要过多地制造焦虑影响自己。

第四，要多熟悉、感受、理解、适应舞台的感觉。舞台主持确实和播音间、演播室的主持不太一样，所以很多人对舞台以及舞台主持的感觉还是比较陌生的，因为陌生所以才会有所恐惧和担心。这就要求主持人以及播音主持专业的学生多创造机会走上舞台，在每一次有机会上台的时候都要用心地感受、理解和适应舞台。在一个相对熟悉的环境之下主持确实能大大地降低紧张感。

82 播音主持中，说话不从容越说越快怎么办？

其实在播音主持之中我们很少强调说话"快"与"慢"的问题，说话的"快"与"慢"其实是表达节奏的问题，表达节奏又具有复杂和多样性，它会因环境、内容、思想、情感、目的等有不同的变化，因而没办法简单地定义说话应该是"快"还是"慢"。在这里我们所说的"快"指的不是以作品情感表达需要而出现的快与慢、舒与缓的问题，而是因为表达者可能由于紧张、稿子不熟、准备不充分、口齿不伶俐、缺少对象感等原因造成的超出了审美范畴的"被动"语速变快。这种"语速快"忽视了语言内部结构、文本内容语意、表达外部技巧，不符合播音主持表达的一般要求，也不符合受众对媒体语言的一般审美特质。解决这一问题可以从以下几个方面入手，逐渐调整和感受说话的方式。

第一，善用呼吸。呼吸是说话的内在动力源泉，很多时候出现在说话中的问题可能并不是说话本身造成的，有可能是它背后的支撑力量出了问题。呼吸层面有三个小方法：①学会气息下沉，很多时候无法控制的语速变快，可能是因为气息支撑点在说话的过程中逐渐上移，从胸腹呼吸到胸式呼吸，呼吸位置上移让气息飘了起来，气息的上浮就失去了气息能够控制声音节奏的能力,声音在这种"浮着"的气息中开始失去控制,越来越快,因而要有意识地让气息下沉,形成腹腔、口腔的两个力量平衡点,这样声音才能得到更好的控制。②用呼吸调整节奏,这是指在表达的过程中尤其是大段的内容表达时,要善用深呼吸、浅呼吸、快呼吸、慢呼吸等方式调节整体的节奏,让呼吸成为调节的平衡器,以呼吸的方式调节前面可能出现的慌乱、着急的情绪,从而找到最佳节奏和语速。③不能憋气,很多人在说话紧张的时候就容易憋气说话,憋气的方式其实破坏了从口腔到腹腔的"通畅"原则,让胸腔成了呼吸支点,所以会使得身体的紧张程度大大增加,身体的紧张就会带动发声器官紧张,发声器官紧张又会带动情绪紧张,所以说话节奏和语速就很难有所控制。

第二,巧用停顿。①用停顿找情绪的落点,转换节奏。很多时候我们在说话的过程中已经意识到节奏、语速开始出现了问题,这时候我们就可以在情绪的落点处以停顿的方式加强情绪的饱满度,同时快速转换心理节奏和表达节奏。②在停顿中用快深呼吸调节身体状态与声音状态。在大段的表达中特别容易出现表达节奏慌乱、层次不清,所以可以有意识地用停顿带呼吸,或者用呼吸带停顿的方式给大段的内容在语意上做一个明显的分层,同时在分层的过程中重新调节表达节奏和说话语速。

第三,直面受众。主持人有时候脑子里想的都是台词,越想越紧张,越紧张越怕忘词,越怕忘词说得越快,说得越快又越容易出错。在这种情绪之下特别容易忽视受众,即对谁说,这群人的特征是什么？当我们眼中有人,心中有观众的时候自然就会以"交流"的方式重新寻找节奏,而不是漫无目的的只是单纯地把话说出去,而至于跟谁说,怎么说,要说成什么样却缺少思考。只有当我们学会与"人"对话的时候,语速的问题也会得到有效的改善。

83 播音主持中如何开口说好"第一句话"？

任何类型的播音主持都应意识到说好"第一句话"的重要性。就以现场主持为例来谈如何说好"第一句话",为什么要特别强调播音主持中要说好"第一句话"呢？因为"第一句话"的表达质量往往会影响着后续的表达质量,尤其是在状态、情绪、语速等维度上。如果"第一句话"说着急了,后面的很多表达就会慌乱,失去应该有的节奏；如果"第一句话"说的情绪不到位,这种情绪就会带动着后面的表达仍处于这个不到位的情绪之中；如果"第一句话"音高起得太低了,后面再突然高起来就会显得比较突兀,就是一旦以这个"弱状态"开场的话,后面其实就会大体维系在这个状态。相反,如果我们把"第一句话"说好了,情绪、状态、声音等层面稍微做出必要的调整,在说话过程中,它会以平缓的方式去找到一个平衡点,更容易进入状态,也更自然。

第一,给"第一句话"一个"饱满"的态度。就是根据实际内容,"第一句话"一定是要以饱满的真实情感,给一个情绪,给一个状态,就是说在播音主持中,我们面对很多受众或是镜头、话筒的时候,如果"第一句话"的情绪和状态没有出来,就很难将自己和受众快速地带入特定的情景之中,在说话的过程中再去重新找态度、找情绪、找状态就更难了。尽量不要让"态度"呈现出一个抛物线的形状,前面渲染铺垫的部分就会显得情绪稍弱。所以我们可以在说"第一句话"的时候情绪稍微饱满一些,给观众一个快速的、明显的代入感。

第二,给"第一句话"一个"恰当"的高度。在说"第一句话"的时候,我们的身体包括气息、口腔、状态其实并没有完全做好准备,这个时候开口说"第一句话",因为没有情绪、语调作为参考和铺垫,所以很容易出现情感、高度等偏低的情况。如果"第一句话"高度给低了,收得太多了,其实会非常影响后面的表达,我们常说"第一句话"没起来,后边的很多音高、情绪都会受到明显的影响。所以我们在说"第一句话"的时候,可以有意识地将其稍稍提高半格,给整体的状态一个高度来带动,去拉动一种更为饱满的情绪。

第三,给"第一句话"一个"平稳"的速度。给"第一句话"一个速度并不是说,"第一句话"要说得多快,而相反是要在速度上说得相对平稳一些。"第一句话"一般都是打招呼、问候语等礼貌性用语。所以,我们的语速自然也不需要太快,而且可以通过第一句稍微平缓一点的语速舒缓情绪、呼吸,也为后面说话的节奏、起伏找到一个基准,以第一句的介入方式不断适应新的场合、新的气氛、新的受众群体。

第四,给"第一句话"一个"整体"的维度。给一个维度,就是说"第一句话"在很大程度上起到了给后面的现场表达作为参考的意义和价值,即"第一句话"说出来,会在情绪、状态、感情、音量等方面成为一种抛砖引玉,给后续参考借鉴。所以,我们可以通过前几句,尤其是"第一句话"给后面更好的现场表现做出调整提供充分的依据。

84 台下准备得很充分,为什么一上台表达就找不到感觉?

这个问题比较常见,也一度成为很多播音主持专业学生以及语言艺术工作者在实际工作和实践中的困惑和疑问。

这里我们可以做一个类比可能就会更通俗易懂。体育运动中所有的项目在训练或者正式开赛之前都必须要有一整套科学、全面的热身运动,其目的有两点:一、使身体的各个关节都能得到充分的拉伸、舒展和放松,在竞技中才能有正常的运动表现;二、充分调动身体的积极性、主动性和运动情绪,让"身"与"心"都开始适应这种竞技环境和竞技气氛,从而使得运动能够有良好的表现。

台下准备得很充分,为什么一上台表达就找不到感觉,效果远远不如平时练习的水平呢?这是因为平时在台下自己已经练了很多遍了,各个层面的"预热"充足了,已经找到了最佳通畅的表达状态,而在正式登台前这段时间却没有进行反复练习。因此出现这个问题的关键是拿平时的最佳状态和上台的初始状态进行比较。

其实,高水平的语言表达和体育运动非常相似,只不过体育运动是全身参与的身心行为,播音主持是发声器官重点参与的身心行为,因而也一定需要必要的"预热"过程。这里的"预热"既包括语音发声器官的预热,同时还包括语言表达之中的身体预热、情绪预热、状态预热和内容预热,即"五位一体"

的多重预热，它们是同时参与、同时进行的。

很多同学质疑，自己在上台之前准备阶段也做了口部操，也有备稿的过程，为什么表现还是不尽如人意呢？这也是问题的"症结"所在。其实，口部操只是完成了"五位一体"预热中的发音器官一个环节的预热，而忽视了（或者没有重视）其他四个环节的预热。优质的语言表达一定不是一个单向的"口腔输出"过程，而是身、心、口、稿等同时相互作用和发力的过程，只完成了其中一项必然达不到理想的效果。其次，上台之前的背稿或者是小声顺稿，也不是一个完全的"预热"过程，暂且只能称之为"半预热"，因为它没能达到比较彻底、符合播音表现的身心适应程度。

在这里分享一下"五位一体"热身的方法。

第一，身体热身。播音主持虽然是以口部为主的有声语言表达，但是身体一定是口部表达的基础和共同参与者，如果身体（如肩膀、脖子、腰部等）过于紧张一定会影响口部的紧张程度，从而限制表达效果。因而有必要在正式开始播音或主持之前做一些适度的、舒缓的、能够放松身体的动作，如转腰、转脖子、踢腿、扩胸、双手前后摆动等小幅运动都比较合适。

第二，口部热身。口部操十节，可以从头到尾做一遍，帮助放松发声器官，同时要注意的是一定要带着目标做口部操，不能乱做一通。

第三，情绪热身。就是不要在表达之前小声地背词，而是要以正式表达的声音（状态、情感、音量、形式）多演练几遍，让情绪逐渐丰富和饱满，找到最佳情绪表现的契合点，登台说话之后才能"口"到擒来。

第四，状态热身。就是正式开始说话之前要努力找到一种积极、微兴奋的说话状态，即要有强烈的说话愿望，这是身心开始和谐统一的重要标志。可以适当地给自己一些积极的心理暗示达到效果。

第五，内容热身。就是要再次熟悉稿件内容，让所有的语言表达、技巧运用、情绪表现都是为内容、语意、逻辑、目的的呈现而服务，不要让技术、技巧等凌驾于具体的表达语境和表达文本之上，要依托文本寻找与其适配的最佳表达状态。

85 说话时的整体身体感受应该是什么样？

播音主持中的语言表达不是一个简单地靠发声器官就能独立完成的任务，或者说播音主持中的语言表达应该是一个身体的整体、多方参与的过程，是身体、发声器官、呼吸的综合感觉。播音主持中的语言表达方式与日常表达有所不同，在身体的整体状态和感受上既要相对放松、自然，又要力量集中、控制有度，在"张与弛""松与紧""力与美"之间形成一种身体感受。从整体上讲有如下几个重要的身体感受。

第一，感觉——通畅的管子。说话的过程中从口腔到小腹是包含发声、吐字、共鸣、气息的主要空间，因而这些器官从个体角度来说应该都是相对放松且有控制的，介于一种"松与紧"的可把控的状态。如果这些器官过于放松就会软塌无力，造成吐字扁软、共鸣不明显、气息不足，如若过于紧张又会使得各器官僵硬，失去活力和弹性，咬字过狠、共鸣吃力、呼吸失控等。第二个层面，若将这些器官视为一个"整体"，那么这些器官之间应该是相互联通、相互延伸、相互递进的，也就是说不能把其中的单个发声器官"孤立"起来，看作是完全独立的状态，要有一种将其串联在一起的相对整体的意识。即要有一种想象，把从口腔到小腹的这一路径和区间想象成一根通畅的"管子"，就是说从呼吸到共鸣再到吐字发声应该是一个通畅、无阻、顺滑的过程，这根"管子"不应该出现堵、卡、憋等情况，当中任何一个位置堵住的时候，那么在说话的过程整个身体感觉就会跟着一起紧张。

第二，作用力——两头用力。如果把说话简单地理解为就是口腔发力，在整个身体的感受上就是不平衡的，因为这个力是不对称、不协调的，缺少了一个与之相平衡的作用点。同时力量给得太多、太散了也不行，口腔也用力、咽腔也用力、胸腔也用力、腹腔也用力，这样力量给得太繁复反而也乱了。所以，我们要努力找到两个平衡的力，即口腔与腹腔，口腔在身体上方，作为吐字喷弹的向上、向前的力，是一个对外的过程，腹腔作为气息的凝聚地，要努力下沉,保持住小腹气息的"扎根"特性,所以这个力是往下的。两个腔体位置一上一下、方向一上一下,腹腔给了口腔向外发力的根基,口腔给了腹腔向外发力的窗口,身体上的力才得以平衡,身体才能处于最舒适、放松且有力的状态。

86 如何调动语言表达中积极的情绪和状态?

　　播音主持作为一种面向大众的语言表达,在承担着传播信息责任的同时也肩负着媒体语言审美功能的重任。媒体语言审美的第一个层面就是标准与规范的问题,是语言传播的基本要求;其二是语言的表意功能与表达技巧问题,即如何对其进行二度的创作;其三是支撑语言内外部的情绪和状态问题,如果情绪脱离内容,没有播讲状态,或者情绪与语意不吻合就会影响表达的品质。那么如何调动语言表达中积极的情绪和状态呢?首先要清楚的是播音主持中积极的情绪是什么?积极的情绪不只是表达过程中的高兴、开心、微笑,而是一种在语意、技巧的基础之上,积极地调动多样的感受来主动贴合和顺应内容及语意的氛围与情感。调动积极的情绪和状态一方面是指意识、身体、发声器官的积极性,另一方面是指感受的积极性,那具体有哪些方法呢?

　　第一,强烈且真诚的播讲愿望。调动积极的情绪和状态首要就是解决一个内在的"我"心理层面的问题,即先抛开外在的五花八门的技巧不谈,而重新回归到"我想说话""我要说话""我享受说话"中。在说话之前以及说话的过程中给自己一个主动的、积极的心理暗示,也就是要有一种强烈的播讲愿望、分享愿望,这是一个将说话化被动为主动的过程,当"我想"成为说话的内驱动力的时候,后面很多积极情绪就都是主动的了。反之,当一个人从心里就没有强烈说话愿望的时候,他的身体、思维、发声器官、情绪就都是被动的,是被内容和文本支配前进,感受和情绪走在了文本之后,自然就呈现出了不够积极的表达状态。

第二，丰富多样的感受力。积极的情绪状态的依据就是对文本(腹稿)丰富多样的感受力。播音主持中的情绪和状态应该是真实的、客观的并且是有来源和依据的，而不应该是虚假的、主观的、臆断的、机械的。所以想要调动积极的情绪就需要有丰富多样的感受力，依据具体内容或是喜悦的，或是严肃的，或是紧张的，或是柔美的。这些对文本真实的、丰沛的具体感受是真实情绪的支撑，只有表达者自身先有了清晰且强烈的感受之后，才能将其融入播音主持的创作中来，才能有情绪的自然迸发。

第三，表达情绪的持续性和流动性。持续性是指表达的情绪和状态应该是一个完整的，始终依托于表达内容，贯穿于表达始终的过程，而不应该是开头有后边没有，或者过程中时有时无，时清晰时模糊的状态。流动性是指积极的情绪不是某一种特定的情绪，而是依照语境、语意也有不同类型和层面的微小变化，情绪一定是随着表达语意和目的的变化而做出适当调整的，因此它应该是流动的，不能用一种情绪贯穿始终。

87 如何深化主持人的"感受力"？

播音员主持人在对作品进行二度创作的过程中，其中很重要的一项内容就是要理解作品的内涵，增强对作品二度创作的能力，从而以丰富的感受力去调动多维的情绪参与有声语言的创作。但是在实际的创作过程中由于作品的类型不同、题材不同、主旨不同、情感不同，每个作品都蕴含着独特的审美，因此我们就要深入作品去增强理解，从而形成能够深化于自身情绪的感受力，有了真实的感受才有了有声语言表达的内在情绪支撑。那么，如何增强和调动播音主持中的感受力呢？

第一，角色换位。调动播音主持中感受力的第一个层面就是要有一种自我角色转变的观念和意识，就是在处理作品的时候，我们不应该是以一个局外人的身份、一个观察者的角色、一个旁观者的视角去理解作品和表现作品，而是要把自己扎根于作品之中。就是说如果作品当中的主人公是我，是我的亲人，是我的家人，是我身边的朋友，那么此时此刻，身处这样的环境之中，我应该是什么样的状态，是什么样的情绪，是什么样的心情，是什么样的语言表达方式？自此，把自己真实地放到一个角色中的时候，你会发现你所有的感受都开始源自"相对真实"了，这种感受也会更自然地流露于文本的表现之中。那这是为何呢？这是你在讲述跟自己有关的故事，而不是站到一个旁人、中介者的角度去评判别人，"我"与"他"的关系就是一个中间的隔阂。所以首先要有角色的转换，我就是故事当中的人，不是来表演他，而是"我就是他"。

第二，还原场景。设身处地还原场景也是一种调动感受力的重要方式。所谓的还原场景，就是我们以作品当中描绘的环境、故事、情节、人物等为依照，然后从我们现实当中所经历的某些相似的、相同的或者相近的场景中找到相通之处。在我们曾经经历过的类似环境及关系之中，去回忆、去勾连、去重新唤醒那一时刻与作品当中感受的相通相连的一种真实体验，通过一个我们熟悉的更加具体、更加真实的经历，用真实唤醒真实，以真实感受真实，以真实表达真实，那么这种感受力是从我们已有的经验中来，会更直观、确切和自然。

第三，构建语境。有一些作品，可能由于年代、国籍、制度、风俗等各方面与现代社会有了明显的差异，我们没有办法将它还原到正在经历或者已经经历一个相对真实的环境之中。如果没有一个相对真实的环境，我们就很难想象在这个语境当中，究竟要呈现出一种什么样的感受，要调动出一种怎样的情绪，在这种语境下，我们的感受是什么样子。所以如果是这样的作品，我们可以有意识地构建一个虚拟的语境帮助我们提升对作品的感受力。但是要注意，虚拟的语境不是虚假的语境，即虚拟的语境也一定是以作品为依据而营造出来的，而不是脱离具体内容胡乱编造出来的。虚拟的语境是我们以作品为依托想象勾勒出环境、场景，包括身边的人，等等，然后再将自己搁置于这个我们构建的虚拟环境之中，让这个环境与作品、文本相互映衬，从而在自我构建的语境之中去重新挖掘、重新唤醒某种内心的真实力量。

所以不管是用哪一种方式调动感受力，我们都要想方设法把自己、自己的环境弄清楚,而后再去连接我们之间的关系,在这个关系中重新确定感受的差异和变化。

88 如何增强主持人的现场"表现力"?

不管是现场的舞台主持、演播室的电视主持还是广播里的电台主持,主持人都需要有一种现场的"表现力"。这种"表现力"是主持人自身融入现场的体现,同时也要注意这种现场的"表现力"不是主持人的"独舞",而是主持人在与受众建立某种现场关系的基础之上形成的。增强主持人现场的"表现力"可以从以下几个方面着手。

第一,眼中有受众。"表现力"当中很重要的一点就是"你要在现场""你的眼里要有人""你和受众要有关联",只有当主持人和现场真正地融为一体的时候,这种表现力才得以展现。之所以叫"眼中有观众",是因为有很多主持人,尤其是一些缺乏经验的主持人和学生,在舞台主持的过程中会全程拿提词卡、全程低头念稿、全程把精力放在串联词上、全程不和观众交流与互动、全程不关注现场的气氛和情况,只是简单、机械、低质地把稿子的内容念出来而已,或者可以说,这种主持方式只是简单地完成了"机器"都可以做到的内容,毫无现场感、创造性,更谈不上美感和表现力。说得再通俗一些,如此简单、粗糙的工作应该任何人都能完成,那"主持"在哪?"主持人"是谁?"主持艺术"的审美性又从何谈起呢?所以,我们一直反复跟学生强调,当你准备上台"念词"的时候,你就已经输掉一大半了,眼中没有观众,只有串词的主持人一定不会呈现出优质的现场表现。

第二,心中有内容。心中有内容的意思就是说我们在上台主持的时候一定要做到心中有数。什么叫心中有数呢?最起码你要知道你这次上台要完成什么任务?如何开始?如何结束?如何引出主体?如何承上启下?如何抓住现场的亮点?如何和现场观众形成情绪上的互动?而不是把所有的专注力都放在一会儿上台我可千万别读错了、千万别嘴瓢等这些基本问题。如果把注意力都放在这，也就无暇顾及现场"表现力"的问题了。在舞台上有时候看提词卡其实问题也不大，关键是不能一直看，不能从头看到尾，不能把提词卡当成主持人的"救命稻草"，而是要努力在提词卡的基础之上有发挥、有创作，连接现场、关照受众，这样的主持才是有活力、有意义、有趣味、有"表现力"的。简而言之，就是主持人在上台之前要梳理明白先怎么样、再怎么样、然后怎么样、最后怎么样的问题。

第三，口中有真情。口中有真情就是要用语言的方式、语言的情感、语言的艺术表现建构主持人与现场的关系。口中有真情不是简单地运用语言的技巧，而是超越了技巧层面的情感"共振"，是我们要始终和广大受众站在一起，用他们喜欢的方式、用他们接受的习惯、用他们习惯的审美再现现场，尽量减少"套路""模板"等说话的方式，多用接地气的、日常生活的、符合大众审美情趣的方式，以真实情感与受众建立多方位的链接。不要想着去表演一种情感，不要想着去假设一种情绪，不要想着去装模作样地营造亲切，而是要努力站在受众的角度思考问题，努力感受受众的情绪提出问题，当我们自身投入了真实情感，才会有自然且真诚的现场"表现力"。

第四，脑中有思考。脑中有思考就是不管我们处于哪一种类型的节目主持之中都需要不停地思考和观察。以舞台主持为例，脑中有思考就意味着我们不能"身在现场"而"心在场外"，明明人在活动的现场，却对现场的环境、舞台、气氛、亮点、嘉宾、意外情况等内容视而不见，只是专心地把提词卡念好，这样的主持一定是缺乏活力和趣味的，也缺少了一个主持人在现场应该具备的"再创作"能力。所以脑中有思考就是我们要调动脑力观察、留心、注意、挖掘那些在现场"正在发生"的有意思的人、特别的事、精彩的表演、观众的反应，甚至是现场出的一些意外情况，等等。我们要努力将那些最值得关注的部分再次融入创作，让"现场主持有现场的感觉"，不断用新的内容和元素拉近与受众的距离，呈现出多样化的现场"表现力"。

第五，耳中有反馈。耳中有反馈就是要求主持人不能对现场、环境、观众的反应不管不顾，不能"两耳不闻现场事、一心只读提词卡"，不能将自我的身份角色、功能与现场和观众割裂，而是要善于观察现场观众的情绪、态度等,以现场的具体情况为依据做出主持上的、风格上的,或者情绪上的,或者内容上的必要调整,以观众的反馈作为现场及时创作的情绪依据,如此,才能不断地融入观众,才能提升现场主持的魅力和感染力。

89 如何找到说话"沉下来"的感觉?

在播音主持的表达中,我们一直强调说话要"沉下来"。"沉下来"说话是一种放松、自然、亲和的表达方式,与说话要"沉下来"相反的就是说话中常见的几个问题,如说话"飘着""浮着""揪着""挤着""拽着""捏着"。这些问题的产生都指向说话没有"沉下来",不论是状态、气息、表达、吐字都是一个不"落地"的过程。

这些说话方式的背后缺少了必要的基础、根基和支撑,听感上觉得这些力量都不"踏实",都是"悬浮"在半空中的,造成说话"上不去"——因为没有气息支撑,即使上去也不够自然,声音也会显得单薄和缺少底气;说话"下不来"——因为缺少发声器官控制,就是"下来了"也是用"压喉"的方式故作低声,缺少声音的必要变化和弹性。"飘、浮、揪、挤、拽、捏"的说话方式如果说几分钟还可以,但是长时间说话就会让说话者感到进退两难、力不从心、气息不足、力量跟不上、声音吃力、嗓子疼痛。所以在"沉下来"说话这个问题大家可以从以下四个方面多加注意。

第一,气息不能给得太浅。说话"沉下去"其实有两层意思,第一层是说话的气息要"沉下去",第二层是气息"沉下去"以后,说话的感觉、位置、状态才能沉下去,所以要想说话"沉下去",先"沉"气息是关键。这就要回归播音主持中的"胸腹联合式呼吸"了,只有胸式呼吸,气息浅且浮,缺少下沉的内生力量,同时气息量也较少,不容易控制,无法满足播音主持的需要;只有腹式呼吸,没有调动胸腔力量,说话又会缺乏层次。因而要有意识地利用好"胸腹联合式呼吸"找到呼吸以及整个身体下沉的感觉。身体的下沉能够较好地避免因为耸肩、脖子紧张、颈肩僵硬带来的呼吸影响。

第二，调子不要起得太高。很多人面对舞台或者话筒的时候，习惯用较高的声调找到说话的积极感和现场感，但是如若声调持续给得过高的话，整个身体的发声部位就会发生变化，尤其是呼吸支撑位置会在持续的"高调"状态之中上移以适应这种"非常态"的说话声调。其次声带的状态也会伴随着较高的声调有一种向上拉扯的用力感。因而，呼吸位置上移，声带向上拉扯自然说话就不能下沉了。所以要注意声调要适中，符合日常播音主持的需求即可，不需要刻意地拔高调子。

第三，语速不要给得太快。说话语速太快其实特别容易给人造成一种紧张感和慌乱感，语速过快一方面很容易说错话，另一方面也容易吃字、漏字、咬字不清等。同时语速过快也会给发声器官带来一些影响，因为发声器官在这种情况下需要更敏捷、更迅速地做出应有的反应，会给发声器官增加了负担。发声器官在持续快速说话中容易变得紧张，说话的重心需要不断上移才能去满足更快说话速度的需求。

第四，"讲述感""交流感"要给足。很多时候我们说话确实会过于用力，例如"扯着脖子说话"，其实当我们过于用力表达的时候，会发现其实你并不是在"好好说话"，而且也不知道在跟谁说话，所以就会出现"目中无人"，不知道跟谁说、不知道自己在说什么的情况。但是当我们对面有一个人或者一群人的时候，我们就有了具体的交流对象和确切的交流目标，说话的状态自然就放下来了。因而即便我们面对的是话筒或者舞台，但心里都要装着受众，要有和受众交流、对话、沟通的主动意识，在这种自然的状态下就不会"提"着说话了。

90 播音主持中的"沉下来"与"状态积极"是什么关系？

前面讲过，播音主持中说话的情绪和状态要积极、饱满、层次多样。上一问,我们又说到播音主持中的表达还要"沉下来",可能很多人就会有疑问,就是在播音主持当中"沉下来"(往下走)和"状态积极"(往上走)是什么关系呢?播音主持中既要情绪积极,状态饱满,又要沉下来,那这两者是不是矛盾的呢?从字面上来看,"沉下去"是一个"向下"的过程,是整个说话过程当中"向下"的部分,是一个相对稳定的状态,是一个持续的状态,而"状态积极"则是一个"向上"的过程,是一个不断变化的多层次的丰富状态。这两组"关键词"一个向上、一个向下、一个稳定、一个变化多样,那它们在播音主持当中究竟是什么样的关系呢?或者说我们究竟要"沉"什么?"积极"什么?下面从三个方面来阐述。

第一,"沉下来"的是气息,"积极"的是情绪和状态。气息是声音的内在动力来源,是稳定、自如、流畅声音的基础保障,很多声音问题的根源其实都是因为气息的使用不够科学,例如声音飘、不扎实。"气浅声浮"其实就是告诉我们如果气息提着,声音就自然会飘,如果气息下沉,你的声音自然也会跟着下沉,也就是说气息其实是会带动着声音下沉的,所以气息要先"沉下来"。但是气息"沉下来"不能带动着情绪、状态也一样"往下走",这样说话就会显得闷暗且死气沉沉了。相反,情绪和状态要饱满且多样,要努力在文字和作品之中去感受语意和情绪变化,用积极的方式和灵活多样的表现手法去呈现文字背后的力量。同时,也应该有一种意识,就是在这里气息的"沉下去"和状态的"积极(往上走)"其实也可以看作是一对平衡的力,气息在下面"拽住",往上走的声音及情绪才有了发力的基础和表现的根基,否则情绪和状态的"往上"就缺少了一个必要的平衡点。

第二,"沉下来"的是发声位置,"积极"的是发声器官运动。有时候我们在表达的过程中会不由自主地拔高声调、加快语速,严重的时候会觉得所有的力量和声音都卡在嗓子眼了,这就导致了整个发声位置的上移。发声位置的上移就会使得吐字发声器官承受更大的压力,让吐字发声器官处于紧张和不自然的状态。所以要有意识地让"发声位置沉下来",不要提着嗓子说话,要努力让它们处于相对自然放松的状态。"积极"指的是发声器官不能懒散,要以灵活、准确的方式调动在口腔内的发声作用,完成好口腔内的成阻和持阻,保证发声的质量。

第三,"沉下来"的是"专注力","积极"的是观察力、思考力。第三个"沉下来"特指人的内在专注力和思考力,有时候我们在表达的过程中顾虑太多、焦虑太多、担心太多、恐惧太多,这些都会扰乱我们在表达中的情绪和内容的专一度,不仅不利于表达还会产生消极影响,因而"沉下来"其实就是一个"祛除杂念"的过程,即不要有与表达没有直接关系的消极念头。"积极"是在表达过程中大脑要保持充沛的精力去观察问题和思考问题,让大脑不要"短路"、不要停止思考,在说话的同时也要去多听、多看,然后形成持续性的语言输出,要努力以思考力去构建对事物的独特认知和表达。

91 日常练声的"六个意识"是什么?

练声锤炼的是播音主持的基本功,它就好像画家每天要画画素描、水彩,音乐家每天都要弹弹基本节奏、巩固视听练耳,舞蹈家每天都要下叉劈腿,书法家每天都要写字临摹,我们将这些称为"练功"。既然是"功夫"就必定是一个日积月累的过程,是以时间的推进逐渐加深理解和感悟的东西。但是很多播音专业学生在实际练声过程中,却一直存在着若干问题和练声误区,我们从以下"六个意识"予以阐释。

第一,要有长期意识。长期意识就是练声不能"三天打渔两天晒网",要有一种克服重重困难练声的信念和决心,练声是一个需要时间去领悟和打磨的过程,所以要有长期坚持的思想准备。"坚持+方法"是练声的两大法宝,有一些学生本着"下雨天不练声、大风天不练声、太热了不练声、太冷了不练声、太早了不练声、太晚了不练声、心情不好了不练声、过节了不练声、别人不练声我也不练声"的原则,总是以各种方式给自己找不练声的借口,千方百计地用借口说服自己不练声。所以,对于练声这项艰巨的工作,做到两点最重要,一是正确的方法,二就是坚持不懈。

第二,要有问题意识。练声先要有一个比较全面的自我认识和自我诊断,准确的自我评估是练声的前提。问题意识就是要知道我的主要问题是什么?我要在哪些层面进行精进?要重点训练哪一部分?等等,要有针对性、目标性、对症下药是练声的关键,从而去逐渐纠正自己的语音发声问题,完善发音习惯。这里要强调的是在练声的问题上不能有口无心、不要人云亦云,别人练什么我就练什么,盲目的练声效果不大。

第三,要有规划意识。规划意识首先是整体上有按月的规划意识,其次是每天的规划意识,即长期与短期的时间和内容分配问题。长期的规划意识不是一个月只练习一个内容,而是把这一个月重心放在某一项内容的练习之上,从而对这个内容有一个深入、连续的练习和思考,这是有利于我们寻找问题本质的训练方法。其次是尽量有计划性地提前安排好每天的训练内容,如每个10分钟具体内容是什么,尽量不要现找资料,浪费宝贵的时间。

第四,要有方法意识。练声不仅仅是技术层面的练习声音的好与坏的问题,一定要重视养成用科学的理论去指导练声、指导实践的良好习惯。播音教材中已有的语音发声及练习方法是比较完善和科学的,可以在这些既有理论基础之上再结合自身实践找到更适合自己的方法,要知其然,知其所以然,不能简单地生搬硬套、照葫芦画瓢。

第五,要有递进意识。有些同学练声不重视基础和细节的练习,如声母练习、韵母练习、拼合练习、音调练习、气息练习,觉得太过简单,而且短时间还见不到效果。这中间可能源于两个问题,第一个是方法不对,第二个是缺少了练习之后的思考和归纳,从而没有形成新的发声习惯。所以很多人忽视了这些问题,导致基础还不扎实就直接从读稿子、播新闻开始练习。其实重视基础的音节、呼吸、吐字等层面的练习才是早练声核心的内容,待基本能力达到要求之后再进行更深入和综合的练习,不能越俎代庖。

第六,要有求教意识。练声及用声的过程既是一个"共性"的过程,更是一个"个性"的过程。方法大家都可以用,但是每一个人因为自身的身体及声音特质不同,所遇到的关于语音发声的问题也不尽相同,有一些还很难在书本上直接找到答案,所以这时候就有必要请教带早练声的老师寻求帮助,寻求"个性化"的指导,因为有时候自己百思不得其解的问题可能明白人三两句话就能给你说明白了。

92 播音发声的"三重支柱"是什么？

播音发声的学习和训练中，我们主要就是解决三个问题：①基础语音问题；②气息的稳定及持续问题；③吐字发声问题。这三个问题共同构成了播音主持专业基础学习阶段最重要的基本功，也成为一直困扰很多学生的"三座大山"，其实就是着重解决语言表达中的三个问题，即标不标准的问题；动力的持续性问题；声音美化的问题。三者在理论概念上既相互独立，又有交叉和融合，但是在实践的过程中三者共同构成了有声语言表达的外部呈现水准。下面我们将就播音发声的"三重支柱"进行说明便于理解。

第一，扎实"基础语音"。扎实"基础语音"实质就是掌握基础的语音细节，要强调的不仅仅是掌握语音正确与否，因为音节你本来就已掌握，我们能说话，能够进行清楚的表达，能够理解对方的含义，其实就已经完成了"知"这一环节。那什么叫作掌握"语音细节"呢？就是你能说清楚，能说明白，对方也能听明白，这只是达到了一种基本的传递需求，但是很多细节可能还有些粗糙，如若要从事播音员主持人、有声语言工作的话，那在这些语音的细节上，你就要去思考、雕琢、细化，要在语音的呈现上优于一般人，这就要精准到语音的细节部分（如拼合、语音缺陷、嘴型、舌位等）。因此我们在学习语音的过程中，不是"会不会""能不能""可不可以"的问题，而是"准不准""透不透""活不活"的问题。所以学习语音的阶段不要嫌麻烦，也不要觉得没必要，更不能觉得我的音色很好，也不差这一点"小问题"，对于这种情况真的差"这一点"，用一句常用的话就是"高手过招，赢在细节，也输在细节"。

第二，掌握正确的呼吸方法。掌握正确的呼吸方法不是单纯的"如何科学呼吸"的问题，而是科学的呼吸要怎样去配合表达。播音主持是一个持续性的工作，我们说话不是说一分钟，不是说两分钟，也不是说五分钟，可能要连续说三十分钟、两个小时，甚至更长的时间，在这个过程中，如果没有正确地运用气息去配合声音，给声音一个内在的持续的动力源泉，我们的声音可能就会在这种持续的输出之中变得干涩、疲劳,缺乏变化,甚至还会脱离气息的带动,而单纯地用嗓子外化声音,那这时声音就没有根基和内在动力了。所以掌握好气息和声音的配合关系,是我们能够持续输出有声语言,或者叫作持续输出高质量有声语言的一个重要内在基础。

第三,掌握"灵活"的吐字发声方法。什么叫作吐字发声呢?吐字发声既是一个发声的过程,同时也应该是一个"声音美化"的过程,就是我们如何将声音在口腔内经过加工、处理,然后以饱满、自如、连贯、流畅的,且具有感染力和穿透力的形式呈现,同时也在口腔内形成共鸣,从而让你的表达既清晰自然,又具有一定的语言弹性和语言感染力。所以我们要在已有的"吐字发声"理论之中逐渐地和自我发声方法相互磨合,让发声成为一种自然的处理机制,让别人在听的过程当中能够感觉到我们的语音、发声、气息是相互配合,融为一体、相互延伸、彼此互助的统一体。

93 即兴口语表达训练的"三个层次"是什么?

即兴口语表达是主持人的必备语言功力之一,也是很多主持人需要重点去提升的能力。所谓好的即兴口语表达就是在特定的场合,结合具体的说话目的呈现出较为简洁和清晰的内容。一般情况下,面对一个即兴表达的场景,有的人会不知道说什么,说话不连贯总是磕磕巴巴,影响口语表达的效果。同时还有一些人虽然知道自己想要表达的内容,但是在短时间内没有理清表达的结构,即先说什么、然后说什么、再说什么、最后说什么的问题,所以导致整个表达虽然内容较多,但是缺少必要的条理,有时候还会显得"东一榔头、西一棒子"的感觉。第三种就是虽然说了很多东西,但是没有提炼出明确、有力的观点,受众不知道你到底想说什么?所以针对上述问题我们提出了日常即兴口语表达的三个自我训练层次,以此来逐步加强自我的即兴表达能力。

第一,说话"滔滔不绝"的能力。"滔滔不绝"就是首先要训练自己长时间无稿说话的能力和习惯,要让自己的心理、身体上有一个对持续说话能力的熟悉和适应。这一阶段的训练可以随时进行,例如我们看见一辆自行车、一个垃圾桶、蓝天白云、街边小商贩都可以张嘴即来。例如说自行车,我们就可以说它的品牌、款式、颜色、特点以及由此联想到你的第一台自行车,你学骑自行车的场景,也可以说说现在的共享单车,还可以说体育项目中的场地自行车赛等。这一阶段,不要过多地顾虑说得有没有逻辑,是不是深刻,有没有趣味性,只要你能想到的,你熟悉的,说什么都可以。第一阶段先不要着急让自己说得精彩,也不要着急让自己说得深刻,更不要着急让自己说得像新闻评论一样严谨和规范,而是要在持续的连续说话的自我训练中去找到、体会、摸索这种持续性语言输出的身体和心理感觉,要去习惯和适应这样一种身心的双重感受。

第二,说话"井井有条"的能力。当有了第一阶段的持续训练后,我们持续语言输出的能力开始有了一定的进步,说话本身已经不是大问题了。这时候我们要思考的是如何进一步提升,即怎样把话说得有章法、有条理、有顺序、有结构、有设计,如何让同一个内容经过不同的逻辑表达之后所呈现的外在效果不一样,所以第二阶段我们要思考的就是"逻辑性",还是拿自行车为例,我们可以从浅入深,从外观说到品质,再从品质说到交通工具的变化,这就是说话的一种逻辑顺序。也可以从自行车本身直接勾连到现在"共享经济"时代的到来,再到"共享经济"时代的"刚需"与"同质化"竞争等,都不失为一个好的说话思路。

第三,说话"头头是道"的能力。在前两个阶段的训练中,我们可以连续说话了,也能说得有条理、有次序了,此时我们还应该赋予表达一定的"内核",即观点、理念、思考、想法的注入。如果说第二个层面还是更侧重于描述现象和描述问题本身,那第三个层面就是要把重心放到独特的观察之上。只有那些敏锐的观察,才能更好地给予表达以灵魂,所以说即兴口语表达不仅要把话说顺、说清,还要努力地把话说得有道理、有共鸣,说出别人想说但是没说出来的那部分内容。

94 副语言在配合表达时容易出现哪些问题？

播音员主持人虽然是有声语言工作者，但是在实践的过程中只有有声语言的表达有时还是不够，缺少了一种身体性的整体调度。身体语言尤其是手势语言在口语表达过程中可以作为一种有声语言的身体性延伸，强化有声语言的内涵。因而，这就需要有声语言加上副语言的联动，从而构成一个丰富的、生动的、形象的有声语言表达过程。但我们看到很多人的副语言（肢体语言）运用得不准确、不自然、不和谐，如此不仅没有起到辅助有声语言的功能，反而还会影响有声语言的表达，有时还会曲解表达的意思。那么在表达中副语言的运用常出现哪些问题呢？应该如何解决呢？

第一，多而乱。就是在语言表达中过多地运用了副语言。副语言已经开始影响、干扰正常的表达，让人有一种眼花缭乱的感觉，这就需要有意识地控制副语言的使用。副语言不是用得越多越好，反而是那些准确的、恰如其分的、简练的副语言更有意义。

第二，不适时。在不该出现手势配合的时候，来了一个手势，有时候会打断受众的思路，也会影响受众对于语言的理解。这就要求表达者要知道自己想表达什么内容、什么语意、什么目的，然后再辅以手势的配合，否则就会画蛇添足。因而，副语言的使用一定要择机、择时、择目的而用。

第三，不自然。副语言配合语言一定不是一个"表演"的固定动作，不是在哪个时候就要举右手，哪个地方就要抬左手，也不是激情的时候就要高举双手。"手由意生"——一定是配合着表达的语意、情绪和目的而自然流露出来的。

第四，不协调。主要表现为运用副语言的过程中身体比较僵硬，呈现出来的手臂路线、肘关节、手型等不是一个自然、流畅、身心统一的动作，这就会使得表达的过程没有与语言配合好，影响整体效果。

第五，不准确。手势和内容、情绪之间一定是一个相辅相成、相互配合的过程,有的时候在情绪的关键点确实增加了手势的配合,但是可能因为手势的位置、高度、角度、方向、拳掌的表达不准确,就不能配合好有声语言的表达。

95 手势运用的"九宫格法则"是什么?

广播电视语言表达中,一般会运用一些手势丰富、强化语言的表达。但是我们也常发现有一些问题,如手势太乱、手势不准确、手势位置不对、手势路线不美观、双手配合不协调等,不恰当的手势运用会给人一种烦乱、生硬、曲解语意的感觉。在播音主持中,手势的运用是有自己的区域和位置的,不同的区域和位置都有各自的内涵和作用。在这里我们就介绍常用的手势运用"九宫格法则"(图4-1)。"九宫格法则"就是播音员主持人要在自己面前建立一个虚拟的空间矩阵,方便找准位置。为了便于理解,我们将九宫格横向划分为 A、B、C 区,纵向划分为 D、E、F 区,下面就详细介绍"九宫格法则"的运用规律。

	D	E	F
A	1	2	3
B	4	5	6
C	7	8	9

图4-1 九宫格法则

第一,A 区域。A 区域指的是九宫格最顶端的横向3个格子,分为 A1、A2、A3 三个部分。A 区域整体的位置比较高,基本在头部以及高过一个头顶的区域位置。A 区域在日常的口语表达、播音主持当中其实用得不太多，因为这个位置的手势语一般表示一种相对高亢、激动的情绪，常用于文艺作品的朗诵中，呈现出一种融汇于作品的强烈情绪。常见于 A1 区域的单独手势，A3 区域的单独手势，以及 A1、A3 共同的双手配合手势。

第二，B 区域。B 区域指的是九宫格中段的横向 3 个格子，分为 B4、B5、B6 三个部分。B 区域属于手势的中位区，基本在胸部上下的位置。B 区域的位置比较折中，也是最常用的三个位置，比较符合一般的有声语言表达及身体的外在调度，这个位置相对自然、平和。同时，因其常伴随着语言表达的内容有所变化和配合，既可以是 B4、B5、B6 的单独手势，也可以是双手共同手势（B4、B6）；既可以是静态的，也可以是动态的，因而表现起来更多样也更灵活，看起来也不会过于夸张。B5 区域也常用右手掌放在胸前，表示一种决心或是心理活动。

第三，C 区域。C 区域指的是九宫格最下面的横向 3 个格子，分为 C7、C8、C9 三个部分。C 区域属于手势的低位区，基本在腰部上下的位置。C 区域在日常的播音主持中也用得不多，因为这个位置的手势语一般表示一种心理活动，如低位握拳表决心等。

第四，D、E、F 纵向三个区域。整体看来 D、F 用得较多，可以单手手势，也可以双手配合，最常用的就是 D、F 区域的单、双手的中位区（D4、F6），其次 E 区域用得并不多，尤其是 E2、E8 都很少用，E5 在胸前的手势相较其他两个 E 区域用得比较多。最后，还有一种就是双手在不同的横纵区域，常表现一种变化的情感或者动态的手势层次，如高低位配合（D4、F3）。

96 眼神的运用有哪些原则和维度？

眼神也是语言表达中重要的内容之一，虽然它不直接参与有声语言内容本身的创作，但是它却总是以各种各样的形式参与综合表现之中，在一些情况下眼神的运用也可以直接传情达意。自然、恰当、得体的眼神能够让人感觉到说话者的真诚和自信。相反，眼神运用的不恰当也会影响语言表达的效果，例如我们看到有一些表达者会出现眼神不知往哪看；表达中出现一点小卡顿就开始向上翻白眼；不自信的表现如说话的时候眼神不敢与人对视，总是朝向地面说话；说话的时候眼神不聚焦；说话的时候死盯着别人；说话的时候眼神斜视，给人一种蔑视和不尊重别人的感觉；说话的时候眼神变换过于频繁，给人不够稳重的感觉；眼神过于呆滞没有变化和情绪，给人一种死气沉沉的感觉；说话的过程中眼神没有恰当地配合好语意；眼神没有跟随语意的内容呈现多样化的层次。依据上述常见问题，我们从眼神运用的五个层面进行梳理。

第一，原则问题。眼神运用的整体原则一定是依据表达的环境、语境、内容、意图、情绪等进行外部呈现。脱离了表达的内置要素，简单地说眼神的运用是不符合规律的，但是整体上的原则应该是积极的（即主动地调动眼神的多重性）、坚定的（即使是表达质疑的眼神，也要坚定地表现出质疑）、聚焦的（要眼里有物，这个物可能是个体的、可能是群体的、可能是具象的、也可能是抽象的，但是不管哪一类都要明确的有所聚焦）、灵活的（就是善于跟随语境、内容等让眼神有流畅的变化性）、有层次的（眼神的呈现可以是深度的、可以是浅显的，从而才有丰富的层次交织感）。

第二，距离问题。依照具体的环境空间大小，可以将眼神的距离问题大致划分为近、中、远三个景别。如比较大的室外舞台、大型演播厅、中型演播厅等，就需要用眼神的距离变化来关照不同空间位置的群体，眼神的距离变化在这种环境下更体现出一种整体性，也能够建立更好的交流感。相对空间较小的演播厅、演播室等环境就常用中、近两个距离的眼神就可以了，如访谈节目里用中距关照演播环境、观众，用近距和嘉宾进行沟通。

第三，方位问题。在有现场观众的舞台主持、演讲等形式的表达中，眼神的方位可以大致划为横纵各三个区域，即横向的左、中、右；纵向的前、中、后，中间的正前方的位置是主方位（有时还有空间上的上、中、下，但是用得比较少）。左、右、前、后可以适时地依据现场的气氛、表达的内容、气氛等和中间方位相互配合，从而让眼神的变化能够更灵活且多样。三个方位的切换既可以是中—右、中—左、右—左、左—右等，同时再适时配合纵向的空间变化，只要符合表达的环境需求就可以灵活掌握。

第四，角度问题。上述所说方位大致划分为左、中、右、前、中、后，那是不是眼神就只能在这几个点之间切换呢？其实不然。左、中、右、前、中、后的划分其实都是相对的区域划分，这个区域内还可以有适当的眼神角度的调整。如中—右，既可以眼神向右15度，有微微的变化，也可以向右30度，有一个明显的朝向的变化等。所以，虽然区域之间是固定的，但是内部的变化可以是多种多样的。这里要特别强调一点，眼神的方向、角度等层面的变化，一定是身体或是脖子带动眼神的整体性变化，而不是眼神的自我移动，否则就变成斜眼说话了。

第五，态度问题。眼神其实是会说话的，因而深刻理解内容，表现出适合时宜的眼神态度，或者是严肃的、凝重的、深情的、喜悦的、积极的、坚毅的、自信的，但是不管哪一类都要有态度地呈现，不能模棱两可，否则会给人造成理解上的误会。

97 主持人在服装选择和搭配上有哪些讲究？

主持人的服装搭配对于主持人的整体形象、节目呈现起着非常重要的作用。合适的服装造型能够帮助主持人塑造良好的社会形象和媒体形象，同时也有助于节目的效果呈现，不合适的服装造型则恰恰相反。下面就罗列一些主持人在服装选择和搭配上要注意的问题。

第一，不选择不符合年龄、身份、节目、主题的服装。主持人作为媒体公众人物，其整体形象应该与年龄、身份、节目等内容相互吻合，如不要选择与自身年龄不符合的衣服，否则会给观众带来不舒适的视觉观感。其次，不选择与身份不符合的服装，不论是新闻节目、综艺节目还是何种类型的节目，主持人都有一种社会的公众引领和示范作用，如果服饰过于夸张、过于暴露会造成不良的社会影响。最后，不选择和节目及主题不吻合的服装，主持人作为节目的一部分，应该主动和节目相互适应和协调，以服务的身份姿态为节目服务，不能脱离节目而单纯地从好看或不好看的角度去选择服装。

第二，不选择尺码过大、偏小、不便行动的服装。不管是男主持人还是女主持人，不论是日常还是舞台服装的尺码都特别重要。尺码过大会给观众造成一种臃肿、邋遢、不挺拔的感觉，尤其是裤腿太长、衣袖太长、上衣太长、裤子太肥等都会有损主持人的整体屏幕形象。尺码偏小又会给主持人形象上造成一种紧绷感，衣服的紧绷也会造成身体的紧张，尤其是在视觉上给观众造成一种不合身、穿着小气的感觉。同时，也不选择不方便行动的服装，不论坐播还是站立主持，服装都会影响着主持人的身体调度和情绪调度。

第三，不选择款式、图案、标志有争议的服装以及商标过大的服装。不选择异国民族服饰，以及带有其他国家国旗、国徽、宗教标识，或者一些敏感标志及其变形或者美化后的服装，避免引起不必要的可能在观念上、政治上、宗教信仰上的争端和麻烦。同时，不选择服装上有过于明显的产品标志的衣服，不通过衣服隐含地向观众传递某种诱导性的信息。

第四，不选择奇装异服、款式复杂、颜色跳跃的服装。主持人的服装应该以简洁大方为主体原则，避免盲目跟随潮流选择奇装异服（如乞丐裤、露脐装、超短裙等）。同时也不要选择款式过于复杂，样式过于烦琐的服装，这类服装会给受众一种"烦琐感"，注意力也会不由自主地放到服装上。最后不要选择颜色过于小众，或者色彩搭配过于跳跃的服装。

第五，不选择小格子、细条纹、交错纹路的服装。不管是男主持还是女主持都应慎重选择小格子、细条纹、交错花纹的服装，这种样式不太适合上镜，会造成屏幕对焦不准，影响画面质量。

第六，不选择不配套、不适合上台（上镜）的服装。有一些主持人在搭配上可能是上衣、裤子或者鞋子不配（如西装外套配短裤、西装配篮球鞋），整体上给人一种不协调、不认真的感觉。

第七，不选择和搭档服装在款式、颜色、风格差异太大的服装。双人搭档主持的时候，两个人的服装在整体上还是要具有协调性。如女主持人穿着礼服，男主持人就不要穿休闲装，一个主持人穿着白色，另一个主持人最好在色系上要和白色相互搭衬。

第八,尽量不佩戴夸张的配饰。女主持人的耳环、项链等配饰应该尽量和节目、服装统一。男主持人一般不提倡佩戴首饰(项链、耳环、手镯等),保持干净、利落、大方就是最好的外在形象。

98 普通话水平测试的意义、难度、形式与等级是什么?

一、测试意义:开展普通话水平测试,是我国全面推广普通话的重要措施,这项工作的开展有利于全面推进社会语言的规范意识,有效地促进社会语言的规范化、标准化。同时,普通话水平测试也是播音员主持人、教师、演员、机关工作人员等相关岗位需要参加的重要考试之一,是衡量应试者普通话水平能力的一种较为综合的评价机制。

二、测试难度:普通话水平测试(以下简称"普测")是面向全体社会公民的一项公开考试,对于学历、专业、年龄、职业等都没有硬性要求,它的普及度和面向的受众范围非常广,社会人员可以通过当地的语言文字中心网站进行预约报名。目前,国内部分高等院校每年也会定期举行1~2次全校范围的培训与测试,旨在增强学生的普通话应用水平。同时,普测属于"过关型"的考试,不属于"选拔型"的考试(高考、考研等属于选拔型考试),因而只要掌握了基本的普通话发音知识、说话技能、应试技巧,考试难度相对不高。

三、测试形式:普测是一种语言的口语测试,全部测试内容以口语的形式完成。应试者在用普通话进行表达的过程中,其语音、词汇、语法、表达等层面的规范程度,是评定其普通话成绩与等级的重要依据。

四、测试方式:普测自1994年开始实施,最初测试是"1对1"的测试,即一个测试员和一个考生以面对面的方式进行测试(统称为"人测"),但是后来随着测试范围的扩大、人数的增多,以及伴随着网络智能化的兴起,开始实行机器测试(统称为"机测"),即一个考生全程面对一台电脑,通过全程录音以及电脑数据库比对的方式进行测试和评分。机测的广泛实施一方面解决了测试员不足的问题,另一方面机测也让很多考生缓解了紧张的情绪,能够更好地发挥自身水平。

五、等级划分:普测的成绩分为三级六等,即一级、二级、三级,每一个级别下面又有甲、乙两个等次,所以普测成绩一共分为六个等级,按照分数从高到低依次是,一级甲等(97分以上)、一级乙等(92分及以上但不足97分)、二级甲等(87分及以上但不足92分)、二级乙等(80分及以上但不足87分)、三级甲等(70分及以上但不足80分)、三级乙等(60分及以上但不足70分)。一般情况下达到二级及二级以上的水平就达到了大多数工作岗位的要求。但是不同的职业、岗位对普通话水平的要求也是不一样的,例如教师岗位一般需要达到二级乙等(语文教师需要达到二级甲等);省市级播音员主持人一般要求达到一级乙等;播音主持专业的学生本科毕业也要求达到一级乙等水平;国家级媒体播音员主持人需要达到最高级别一级甲等水平。

六、测试内容:普通话水平测试通常包含四大项:①读单音节字;②读多音节字;③朗读短文;④命题说话(但是个别省份也略有不同,有的省份增加了选择判断题,共考查五项内容,但是大多数省份仍然是考查四项内容)。

99 普通话水平测试各部分考查重点及策略有哪些?

普通话水平测试一共包含四项口试内容,读单音节字、读多音节字、朗读短文及命题说话,每一个部分的考查侧重点都有所不同,但是四个部分之间又有着非常紧密的递进关联关系。例如第一部分读单音节字,侧重考查"声、韵、调",第二部分读多音节,仍然考查"声、韵、调",同时又增加了考查轻声、儿化、变调等内容。第三、四部分也都在上一部分的基础之上考查内容有所增加和侧重。所以在测试之前要熟悉每一部分的考查要点、重点及难点,做到心中有数。

一、读单音节字(满分10分):要求在3.5分钟内读完单音节字100个,出现读音错误、读音缺陷、超时等都要扣分。这一部分主要考查的是应试者普通话的声母、韵母、声调的发音,要求应试者清晰、准确、流畅、音量适中地读出100个单音节字,读错一个字的声、韵、调扣0.1分,读音有缺陷扣0.05分(有缺陷指的是读音可能介于某两个音节之间)。其中有两方面要引起注意:①看准字再读,尽量不要错读、漏读、跳读。②几乎每一套测试试卷的100个单音节字中都会有2~3个不太常见(或者比较难认的字),这都属于正常现象,遇到这类情况不要慌张,不要故意耍小聪明以为是机器测试就故意忽略不读,如果实在不认识可以猜一下读音,但不能空读,不要影响机器测试的整体评分程序,否则可能影响后续的音节评分。

二、读多音节字(满分20分):要求在2.5分钟内读完100个音节(这100个音节包含二字词语、三字词语、四字词语),出现读音错误、读音缺陷、超时等都要扣分。这一部分可以说是第一部分的延伸和深化,因而说这一部分除了考查声、韵、调以外,还要考查应试者对于变调、轻声、儿化等读音的标准程度,如上声+上声的读音;上声+非上声的读音;轻声词读音、儿化词读音等。所以第二部分测试的时候要有意识地去关注哪些词语有变调关系,尽快找准哪些属于变调音及如何变调,做到心中有数才能应对有方。反之则只是把字都读完了而已,普通话测试考查的不是你认不认识字,而是你在认识字的基础之上是否能快速、准确、清楚地把字读准、读对,这才是考试的关键所在,这一点要牢记。

三、朗读短文(满分30分):要求在4分钟之内读完400个音节的短文,错读、漏读、回读、语调不当、停连不当、超时等都要扣分。这一部分又是前两部分的综合运用,需要考查声、韵、调、轻声、儿化、变调等内容,同时,这一部分是从字词过渡到了篇章,因而还要重点考查应试者在朗读作品中的语流音变、停连、语调、重音、语速及朗读的流畅程度等。这就要求应试者不能因为参加的是普通话水平测试,就过度地纠结于每一个字本身,强行地将句子拆分成字,使得文章朗读整体不流畅,有蹦字的感觉。同时,还要求忠于作品不丢字、漏字,不增减或是删改作品。所以这一部分要集中训练在有稿情况下的语音面貌和整体表达水准。

四、命题说话（满分40分）：限时3分钟，要求在不借助文稿的情况下，根据抽取的指定题目（题目二选一）完成一段命题说话，语音、语法、流畅度等都会影响分数。除上述考查内容外还侧重考查应试者在无稿情况下词汇、语法、表达流畅程度等，应试者应按照选择的题目自选立意和中心，不偏题、不跑题，表现出日常表达的交流性和流畅度。在这里要提示三点：①命题说话的题目教材中会提供最为常见的30个题目，有时也会与时俱进增加一些新题目，所以可以根据教材提供的题目进行自行命题说话训练。②命题说话环节在内容遵循题目的同时，其实没有必要盲目追求辞藻华丽、旁征博引、对仗隐喻等高级修辞，只要好好说话、说真话、说实话、说想说的话就可以。当然了如果能有几句漂亮的句子也是不错的，但是在准备的时候不要把考查重心放错了，还是要回归发音和表达本身。所以命题说话这一环节只要有开场、有观点（有切口）、有故事、有感受、有结尾，其实就是一个比较完整的命题说话了。③命题说话环节虽然也是机器测试，但不是机器评分，而是测试员根据考试录音评分，所以应试者千万不要耍小聪明。

100 普通话水平测试的应试技巧与注意事项有哪些？

　　普通话水平测试虽然整体难度不大，但是根据以往经验，一些应试者还是会出现一些问题，影响了整体发挥和测试成绩。我们从如下几个方面给各位应试者提供一些应试技巧和注意事项供大家参考。

　　第一，可以提前参加线下或者线上的专门培训。现在普通话水平测试已经是一个比较常规的考试了，一些高等院校为了让学生提前了解考试内容、方法和应试技巧都会组织外校专家或者本校老师开展普通话水平测试的专门培训。一方面是让学生提前熟悉考试内容和方式，同时也让学生了解自身的普通话水平及存在的问题，以便在正式测试之前抓紧调整。同时现在社会上也有不少专门的普通话水平测试的线下和线上培训班，往往是1～5天为一个周期,如果考生对成绩等级要求比较高,可以自己找一个正规的培训机构,有时候有老师指导确实会在准备的过程中少走很多弯路,也会有效地提升测试成绩。

第二,要知道自己的弱项所在,然后有针对性的训练。应试者最好是在正式测试之前做一个自身的"诊断"(有模拟测试的系统,可以参加模拟测试,会有一些语音问题的诊断等)。"诊断"的目的是更全面、确切地了解自身的语音及表达问题,一些应试者受到方言区的影响并不知道自己的语音问题是什么,或者说知道一些但是对自己的语音问题没有一个准确的认识。例如知道自己是前后鼻音有问题,知道 n l、f h 分不清;儿化音发得不自然;变调不熟悉等,知道了自己的主要问题之后才能更有针对性地练习,这样的训练才更有效率。

第三,要在正式测试之前反复演练,合理分配考试时间。建议应试者不要裸考,要买一本通用的复习教材,在上述两个基础之上按照考试的内容、顺序、时间反复练习,熟悉整个考试的流程和方式,做好充足的准备。同时每一次自我演练的时候要计时练习,知道每一部分的朗读速度大概是什么,尽量不要在考试中前松后紧,或者前紧后松,否则容易让自己在测试的过程中由于时间掌握不好而紧张和忙乱。

第四,注意发音与表达的惯性。一些应试者由于来自方言区因此会具有该方言一定的表达习惯,尤其是在最后一个部分"命题说话",应试者脱离了固定的考试文本,开始进入了无稿说话的状态,这时候应试者既要考虑说什么内容的问题,又要考虑发音标准的问题,所以就难免会顾此失彼,把更多的精力和专注力放在了内容本身上,从而在表达中出现了自己非常习惯的方言词汇、语法、语序等失范问题。所以在平时练习的时候可以自己计时、录音,说完之后自己多听听,找找问题并及时纠正。

参考文献

References

[1] 中国传媒大学播音主持艺术学院. 播音主持语音与发声[M]. 北京：中国传媒大学出版社，2014.

[2] 中国传媒大学播音主持艺术学院. 播音主持创作基础[M]. 北京：中国传媒大学出版社，2015.

[3] 国家语言文字工作委员会普通话培训测试中心. 普通话水平测试实施纲要[M]. 北京：商务印书馆，2004.

[4] 普通话水平测试研究组，普通话培训研究中心. 普通话水平测试专用教材[M]. 北京：北京理工大学出版社，2013.

[5] 姚喜双. 播音主持概论[M]. 北京：高等教育出版社，2012.

[6] 金重建. 播音主持艺术导论（第二版）[M]. 北京：中国传媒大学出版社，2021.

[7] 张颂. 播音创作基础（第四版）[M]. 北京：中国传媒大学出版社，2022.

[8] 胡黎娜. 播音主持艺术发声（第2版）[M]. 北京：中国传媒大学出版社，2019.

[9] 王璐，吴洁如. 语音发声（第4版）[M]. 北京：中国传媒大学出版社，2020.

[10] 徐恒. 播音发声学[M]. 北京：中国传媒大学出版社，2006.

图书在版编目(CIP)数据

播音主持 100 问/司长强,朱俊河著. —上海:复旦大学出版社,2023.6
ISBN 978-7-309-16831-0

Ⅰ.①播… Ⅱ.①司…②朱… Ⅲ.①播音-语言艺术②主持人-语言艺术 Ⅳ.①G222.2

中国国家版本馆 CIP 数据核字(2023)第 076935 号

播音主持 100 问
司长强　朱俊河　著
责任编辑/高　辉

复旦大学出版社有限公司出版发行
上海市国权路 579 号　邮编:200433
网址:fupnet@fudanpress.com　http://www.fudanpress.com
门市零售:86-21-65102580　团体订购:86-21-65104505
出版部电话:86-21-65642845
上海盛通时代印刷有限公司

开本 787×960　1/16　印张 11.25　字数 167 千
2023 年 6 月第 1 版
2023 年 6 月第 1 版第 1 次印刷

ISBN 978-7-309-16831-0/G·2495
定价:59.00 元

如有印装质量问题,请向复旦大学出版社有限公司出版部调换。
版权所有　侵权必究